중국 신화 속

나무이야기

중국 신화 속
나무이야기

초판 1쇄 인쇄 2023년 1월 20일
초판 1쇄 발행 2023년 1월 30일

지 은 이 강판권
펴 낸 이 신일희
펴 낸 곳 계명대학교 출판부
출판등록 제347-1998-1호(1970. 9. 1.)
주 소 대구광역시 달서구 달구벌대로 1095
대표전화 053-580-6233
팩 스 053-580-6235
홈페이지 www.kmupress.com

ISBN 979-11-6516-179-8 03980 정가 20,000원

중국 신화 속
나무이야기

강판권 지음

계명대학교출판부

차례

4부_ 나무와 인물

| 머리말 |

신화는 인류가 발휘한 창의성의 벼리[綱]이다. 세계 각국의 신화는 기록이든 구전이든 지금까지 인류가 남긴 가장 강력한 힘을 가진 문화이다. 과연 신화의 힘은 어디서 오는 것일까. 나를 포함한 많은 사람들이 어린 시절부터 접했던 그리스·로마 신화가 지금까지 강력한 힘을 갖고 있는 이유는 무엇일까. 많은 학자들이 신화 연구에 몰두하는 이유는 무엇일까. 이러한 의문은 나만 가지는 것이 아니라 많은 사람들도 갖고 있을 것이다. 의문에 대한 답도 의문을 가진 사람만큼이나 많을 것이다.

내가 신화에 관심을 가진 것은 20여 년 전 나무를 학문으로 연구할 때였다. 나는 나무를 연구하기 전까지 신화에 큰 관심을 갖지 않았다. 그러나 나무를 연구하면서 신화는 피할 수 없는 대상이었다. 특히 중국 신화의 보고(寶庫)라 일컫는 『산해경(山海經)』을 보는 순간, 깜짝 놀라지 않을 수 없었다. 왜냐하면 식물과 동물에 대한 이해 없이는 한 줄도 이해할 수 없었기 때문이었다. 『산해경』의 이러한 특징은 식물과 동물을 모르면 한 줄도 읽을 수 없는 『시경(詩經)』과 같다. 신화와 나무의 관계성은 『산해경』만이 아니라 중국의 신화를 담고 있는 『장자』·『술이기』·『열이기』 등에서도 확인할 수 있다. 중국 신화와 나무의 관계성은 단순히 신화만의 문제가 아니라 고대 중국인들의 사유세계를 이해하는 데도 아주 중요하다. 고대 중국인들에게 나무의 중요성을 강조한 대표적인 인물은 춘추 말 공자였다. 공자는 제자들에게 늘 『시경』을 강조했다. 공자가 『시경』을 강조한 까닭은 『시경』을 읽으면 초목금수의 이름을 많이 알 수 있었기 때문이다. 그런데 초목과 금수를 많이 안다는 것은 단순히 식물과 동물의 이름을 많이 안다는 뜻이 아니라 말을 할 수 있다는 뜻이자 인간의 착한 심성을 드러낼 수 있다는 의미이다. 조선 후기 정약용의 아들 정학유가 지은 『시명다식』에서 보듯 실학자들이 식물과 동물에 관심을 가진 것도 같은 이유였다. 내가 신화에 관심을 가진 또 다른 이유는 현재 중국 관련 신화에 대한 각종 정보 중 적지 않은 내용이 출처 언급 없이 유통되고 있기 때문이다. 이러한 사례는 신화만이 아니라 다른 분야에서도 마찬가지이지만 유통 과정에서의 오류는 지식산업의 미래를 어둡게 만드는 요인이다. 그래서 본서의 신화 속 나무이야기에 대한 출처는 앞으로 독자들이 신화를 이해하는 데 큰 도움을 줄 것이다.

『산해경』처럼 중국의 신화 작품은 식물에 대한 이해 없이는 제대로 파악할 수 없다. 식물에 대한 이해 없이 중국의 신화를 읽을 수 없다면 그 이유를 파악하는 것은 아주 중요하다. 신화와 식물의 밀접한 관계를 이해하려면 우선 신화가 어떤 배경에서 탄생하는지를 알아야 한다. 신화에 대한 개념은 연구자에 따라 다르고, 중국과 유럽의 신화도 각각 그 성격이 다르지만,[1] 신화 개념에서 무엇보다도 중요한 것은 신화가 현실을 딛고 생성된 것이라는 사실을 인식하는 일이다. 『산해경』을 비롯해서 중국 신화와 관련한 문헌에서 등장하는 나무는 절대다수가 현존하는 생명체이다. 이런 점에서 중국의 신화는 과거 사실이 아니라 현실이다. 그 이유는 신화 속에 등장하는 주인공 중 하나인 나무를 자신들의 삶 속에서 만날 수 있고, 지금도 여전히 깊은 영향을 주고 있기 때문이다. 예컨대 『산해경』에서 가장 많이 등장하는 뽕나무는 단순히 신화 속의 나무가 아니라 상(商)나라에서 지금까지 중국인들의 삶에 깊은 영향을 주고 있다.

신화는 중국이든 유럽이든 예외 없이 현실을 딛지 않고서는 탄생할 수 없다. 왜냐하면 인간의 상상은 구상(具象)을 추상(抽象)한 결과이기 때문이다. 신화는 단순히 인간의 상상으로 탄생한 유산에 그치는 것이 아니라 신화 자체가 또 다른 상상력을 낳는 무한의 힘을 갖고 있다. 특히 중국의 신화는 일상에서 만날 수 있는 식물과 관련해서 탄생했기 때문에 더욱더 큰 생명력을 갖고 있다.

중국 신화에 나무가 빈번하게 등장하는 배경은 신화가 탄생한 시대가 곧 '수력사회(樹力社會)'였기 때문이다. 중국 고대 사회의 의식주는 전부 식물과 동물을 이용한 것이었다. 그중에서도 나무의 비중은 가장 높았다. 중국을 비롯한 신화시대의 인류는 식물에 의존하지 않고서는 한순간도 생명을 유지할 수가 없었다. 나무와 관련한 신화는 나무가 지닌 특성을 반영한 것이다. 따라서 중국의 신화를 이해하는 데 나무에 대한 분석은 아주 중요하다. 그러나 지금까지 중국 신화 연구자들은 나무에 초점을 맞추지 않았을 뿐 아니라 신화 분석에서도 나무의 특성을 언급한 사례는 찾아볼 수 없다. 중국 신화사를 집대성한 작품으로 평가받고 있는 위안커의 『중국신화사』(상하)만 하더라도 풍부한 자료 수집과 자료 간의 계승 등 그간의 중국 신화를 종합·분석한 대작이지만, 나무를 구체적으로 언급한 부분은 찾아볼 수 없다. 위안커가 중국 신화 연구에서 나무에 주목하지 않은 이유는 정확하게 알 수 없지만, 한 가지 분명한 것은 신화 탄생의 배경에 식물과 동물이 갖는 의미를 정확하게 인식하지 못했다는 사실이다.

중국 신화는 중국의 역사와 문화만이 아니라 우리나라의 역사와 문화에도 큰 영향을 주었다. 한국에 대한 중국 신화의 영향력은 중국 신화 탄생의 배경인 나무가 우리나라에서도 쉽게 만날 수 있는 것과도 결코 무관하지 않다. 양국 간의 문화 동질성은 한국에서 중국 신화를 수용하는 데 중요한 부분을 차지하지만, 우리나라에서 중국의 신화를 수용한 것은 신화로서가 아니라 주로 고사(故事) 차원에 머물고 있다. 그 이유는 한국의 전통시대 신화의 수용자들이 귀족이나 성리학자였기 때문이다. 그들은 현실과 동떨어진 신화 내용을 적극적으로 수용하지 않았다.

신화의 중요한 가치는 인류가 자연생태를 인문생태로 전환시킨 점이다. 이런 점에서 신화는 그 자체로 융합이다. 융합은 현대사회의 중요한 과제이다. 그러나 아직 인문학에서는 융합의 필요성을 외치고 있지만, 융합을 실천하는 연구자는 아주 드물다. 심지어 신화가 융합의 산물인데도 신화의 연구자들은 여전히 신화를 융합으로 분석하지 않는다. 신화를 융합으로 인식해야 하는 이유는 신화가 현실이자 미래이기 때문이다. 더욱이 신화에 대한 이러한 인식은 인문학의 미래와도 밀접한 관계가 있다. 현재 한국 제도권 인문학의 현실은 참담하지만, 인문학의 가치는 제도권 인문학 처지와 전혀 다르다. 왜냐하면 제도권 밖에서는 인문학의 수요가 날로 늘어나고 있기 때문이다. 인문학에 대한 이러한 위상은 인문학자들이 인문학을 신화처럼 융합학문으로 연구하지 않기 때문이다. 인문학자들이 인문학을 주로 인문생태 차원에서만 연구하고 있다는 것은 곧 현실을 명확하게 분석하지 못한 결과이다. 그래서 현재 한국 제도권의 인문학 미래는 밝지 않은 것이다. 본서의 신화에 대한 분석 방법론이 인문학의 미래를 조금이나마 밝게 할 수 있길 바란다.

본서는 전체 4부로 구성했다. 1부는 천지 창조와 관련한 신화로 구성했다. 천지 창조 신화는 인류가 스스로 탄생 배경을 이해한 가장 이른 사유세계라는 점에서 가장 먼저 살폈다. 중국의 천지 창조 신화는 서구의 천지 창조 신화에 익숙한 독자들에게는 낯선 내용이지만, 고대 중국인들의 우주관을 이해하는 데 중요한 위치를 차지한다. 2부는 천지 창조 이후 인간이 어디서 살았는지에 대한 내용이다. 중국의 조상들이 나무 위에서 살았다는 신화는 인류문화사에서 인류의 삶을 이해하는 방식과 다르지 않다. 3부는 중국인 중에서 가장 먼저 식물을 연구하는 신농씨에 대한 내용이다. 4부는 신농씨 이후 나무와 관련한 중국인의 얘기이다. 본서는 중국의 신화 중 천지 창조에서 중국인의 삶까지 나무가 어떻게 관계하고 있는 지를 시대적으로 구성한 것이다.

1부

천지 창조 신화

01

피부와 털로 식물을 창조한 반고

천지 창조는 인류의 가장 궁금한 주제였다. 천지 창조에 대한 기록은 인류의 의문에 대한 나름의 답이었다. 각국마다 천지 창조에 대한 기록이 적지 않다. 반고(盤古)신화는 중국을 대표하는 천지 창조에 대한 내용을 담고 있다. 반고신화를 수록한 작품은 삼국시대 오(吳)나라 강서(江西) 출신 서정(徐整)의 『삼오역기(三五曆紀)』이다.[2)]

- 천지는 처음 달걀처럼 혼돈(渾沌)이었던 때 그 속에서 반고가 태어났고, 1만 8천 년이 지나 하늘과 땅이 열렸다. 그 중 밝고 맑은 것은 하늘이, 어둡고 탁한 것은 땅이 되었다. 반고는 그 가운데 존재하며 하루에 아홉 번 변했는데 하늘보다 신비하고 땅보다 성스러웠다. 하늘은 날마다 한 길[丈]씩 높아졌고, 땅은 날마다 한 길씩 두터워졌다. 반고의 키는 매일 한 길씩 자랐다. 이렇게 하길 1만 8천 년이 지나자 하늘이 아주 높아졌고, 땅은 매우 깊어졌으며, 반고의 키도 아주 컸다. 나중에 삼황(三皇)이 생겼

다. 하나에 일어나 셋에 섰으며, 다섯에 이루어지고 일곱에 번성했으며, 아홉에 거처했다. 그리하여 하늘은 땅에서 9만 리 떨어진 것이다.

반고가 태어난 혼돈시대는 '카오스'를 연상시키지만, 한나라 말기 과학자인 하남 출신 장형(張衡, 78-139)을 대표로 하는 '혼천설(渾天說)'과 맞닿아 있다. '밝고 맑은 것이 하늘, 어둡고 탁한 것이 땅이다'라는 인식은 음양 사상이 반영되어 있다. 반고가 아홉 번 변하고, 하나에 일어나고 셋에 서고, 다섯에 이루어지고, 일곱에 번성하고, 아홉에 거처하는 숫자도 상승하는 양의 숫자와 맞물려 있다. 1만 8천 년의 숫자는 무엇을 의미하는지 정확하게 알 수 없지만, 아마도 60진법과 관련이 있을 듯하다. 60진법으로 계산하면 1만 8천 년은 60갑자가 300번 지난 뒤의 일이다. 내가 60진법을 생각한 이유는 중국인들에게 60진법은 아주 익숙한 개념이기 때문이다. 60진법이 중국 상나라, 즉 은나라 때 만들었다는 것을 감안하면 나의 상상은 충분히 가능하다. 반고신화에 등장하는 혼돈은 노자의 『도덕경』에서도 만날 수 있다.[3)]

- 혼돈 상태에서 이루어진 것이 있으니 천지가 생기기 전이었다. 그것은 소리도 없고 형태도 없고 고요했으며, 외부에 의지하지 않고 홀로였으며, 언제나 자기의 본성을 잃지 않았으니 천하 만물의 근본이라 할 수 있다. 그의 이름은 모르고, 그의 '자(字)'는 도라 한다. 나는 억지로 그의 이름을 '대(大)'라 지었다. 대는 넓기 때문에 이르지 않는 것이 없고, 이르지 않는 곳이 없으니 한없이 미치고, 한없이 미치니 제자리로 돌아간다. 하늘도 대요, 땅도 대요, 도도 대요, 왕도 대이다. 나라 안에는 네 가지 대가 있으며, 왕은 그중 하나이다. 사람은 땅의 순리에 따르며, 땅은 하늘의 순리에 따르며, 하늘은 도의 순리에 따르며, 도는 자연의 순리에 따른다.

위의 내용은 왕필 주(注) 『도덕경』에는 25장이지만, 『초간노자』에는 1장이다. 『도덕경』은 판본에 따라 내용의 편집이 다르지만, 1장에서 우주론을 담고 있는 『초간노자』의 편집이 자연스럽다. 『도덕경』에서 “천지가 생기기 전 소리도 없고 형태도 없었다”는 구절은 『시경·대아(大雅)·문왕(文王)』의 “하늘이 하는 일[上天之載]은 소리도 없고 냄새도 없다”는 구절을 연상시킨다. 『시경』의 구절은 『중용』에서도 인용하고 있을 뿐 아니라 주자가 편저한 『근사록(近思錄)』 중 『태극도설』 첫 구절을 해석할 때도 인용하고 있다.

나는 반고의 이른바 천지개벽 신화보다는 반고가 만물로 변한 내용에 관심이 많다. 반고가 만물로 바뀐 내용은 『오운역년기(五運歷年紀)』에 실렸지만, 현재 전하지 않아서 청나라 산동 출신 마숙(馬驌, 1621-1673)의 『역사(繹史)』에서 확인할 수 있다.[4)]

- 반고가 죽은 후 그 몸이 변하여 숨은 바람과 구름이, 목소리는 우레와 번개, 왼쪽 눈은 해가, 오른쪽 눈은 달이, 사지와 오체는 사극(四極)과 오악(五嶽)이, 핏물은 강이, 근맥은 땅의 결이, 살은 밭이, 머리털은 별이, 피부와 털은 초목이, 치아와 뼈는 금속과 돌이, 정수는 주옥이, 땀은 빗물과 냇물이 되었으며, 몸에 사는 여러 벌레는 바람의 감화를 받아 백성이 되었다.

명나라 절강 출신 동사장(董斯張, 1586-1628)의 『광박물지(廣博物志)』에는 조금 다른 내용을 소개하고 있다.[5)]

- 반고는 용의 머리에 뱀의 몸이었고, 천천히 입김을 불면 비바람이, 힘껏 불면 천둥 번개가, 눈을 뜨면 낮이, 눈을 감으면 밤이 되었다. 죽은 후 뼈마디는 산림이, 몸은 강과 바다가, 피는 개천과 도랑이, 머리카락은 초목이 되었다.

『역사』와 『광박물지』의 내용은 조금 다르지만 한 가지 공통점은 초목의 탄생이 같다는 점이다. 『역사』에서 피부와 털이 초목으로 변한 것과 『광박물지』에서 머리카락이 초목으로 변한 것은 결국 같은 의미이다. 『회남자』「설림(說林)」에서도 다음과 같은 우주론을 확인할 수 있다.[6)]

- 황제(黃帝)가 음양을 낳고, 상병(上騈)이 눈과 귀를 낳고, 상림(桑林)이 팔과 손을 낳았다. 이것은 여와(女媧)가 일흔 번 변한 까닭이다.

신화 연구자들은 반고신화가 여와신화의 변용이라 해석한다. 즉 반고신화는 여와의 여성 신화에서 남성 신화로 바뀌었다는 것이다. 이 같은 해석은 결국 신화도 경제 변화에 따라 여성사회에서 남성 사회로 변한다는 사실이다. 『역사』에서 언급한 사지와 오체가 '사극'과 '오악'이 되었다는 얘기는 『열자(列子)』「탕문(湯問)」에서 여와가 자라의 다리를 잘라서 사극을 세웠다는 내용과 일치한다. 오체와 오악을 연결한 것은 중국 전국시대 제나라 추연(秋衍)을 중심으로 한 '음양가(陰陽家)' 사상과 맞닿아 있다. 중국의 오악은 산동성 동악태산(東嶽泰山, 1,545m), 섬서성 서악화산(西嶽華山, 1,997m), 호남성 남악형산(南嶽衡山, 1,290m), 산서성 북악항산(北嶽恒山, 2,017m), 하남성 중악숭산(中嶽嵩山, 1,494m)이다. 우리나라의 경우 삼국통일 이전 신라의 오악은 동악 토함산, 서악 선도산, 남악 토함산, 북악 금강산, 중악 단석산이었으며, 통일신라의 오악은 동악 토함산, 서악 계룡산, 남악 지리산, 북악 태백산, 중악 팔공산이었다. 『회남자』「설림」에서 황제가 음양을 낳았다는 내용도 음양 사상의 영향을 받고 있다는 증거 중 하나이다.

신의 이름 중 '뽕나무 숲'을 의미하는 '상림'이 등장하는 것도 흥미롭다. 이는 곧 숲이 신이라는 것을 암시한다. 상나라 탕왕(湯王)이 7년 동안 큰 가뭄이 계속되자 기우제를 지낸 곳이 바로 상림이었다. 탕왕은 자신을 희생으로 삼아 비를 빌면서 6가지 조목을 들어 자책(自責)했다. 탕왕이 상림에서 기우제를 올린 것을 '상림지도(桑林之禱)', 자책한 것을 '상림육책(桑林六責)'이라 한다. 이러한 사례는 상나라가 뽕나무를 얼마나 숭상했는지를 잘 보여주는 것이다. 송나라 축목(祝穆) 등이 편찬한 『사문유취(事文類聚)·천도부(天道部)·기우(禱雨)』에 따르면, 탕왕은 하나라 걸을 정벌한 후 7년 동안 혹독한 가뭄이 들자, "사람을 희생으로 비를 빌어야 한다"는 태사(太史)의 말에 따라 자신이 희생이 되겠다고 자청했다. 이에 그는 재계하고 모발과 손톱을 자르고 소거(素車)에 백마(白馬)를 타고서 자신의 몸을 흰 띠풀[白茅]로 싸서 희생의 모양을 갖추고 상림의 들에 가서 세 발 달린 정(鼎)을 놓고 산천(山川)에 기도하면서 여섯 가지 일로 자책하니, 말이 끝나기 전에 큰비가 내렸다. 이행(李荇, 1478-1534)의 『용재외집(容齋外集)』「상림육책(桑林六責)」에 '육책'을 소개하고 있다.[7)]

> 조정에 절도가 없지는 않았는가 / 豈朝政之不節
> 아니면 백성들이 제 할 일을 못했던가 / 抑下民之失職
> 밖으로 토목 공사를 일삼지 않았던가 / 外土木之是事
> 안으로 여알을 못 막지 않았던가 / 內未杜乎女謁
> 혹 뇌물이 공공연히 자행되지 않았던가 / 或苞苴之公行
> 또는 참소하는 말이 이간질하지 않았던가 / 又間之以讒說

황제가 음양을 낳았다는 얘기는 음양이 우주론과 밀접한 관련이 있다는 점에서 아주 중요하다. 이후 중국 북송대 주돈이(周敦頤)의 『태극도설(太極圖說)』로 이어지기 때문이다. 『태극도설』의 내용은 중국의 우주론 중에서 이전의 사상을 집대성한 성격을 갖고 있다. 특히 『태극도설』은 만물이 탄생하는 과정을 설명하고 있기 때문에 더욱 중요하다.[8)]

> 주돈이가 말했다. 무극(無極)인 태극(太極)이 있다. 태극이 움직여서 양을 낳고, 움직임이 극에 달하면 고요하다. 고요해서 음을 낳는다. 고요함이 극에 달하면 다시 움직

인다. 한 번 움직임과 한 번 고요함이 서로 뿌리가 되어 음과 양으로 나누어지니 '두 가지 양식'이 세워진다. 양이 변하고 음이 합해서 수·화·목·금·토를 낳으니, 다섯 가지 기운이 순조롭게 펼쳐져서 사계절이 운행한다. 오행은 하나의 음양이며, 음양은 하나의 태극이며, 태극은 본래 무극이다. 오행이 생겨나 각각 그 성을 하나씩 갖추고 있다. 무극의 진리와 음양오행의 정기가 오묘하게 합하고 응집해서 '건도(乾道)'는 남성을 이루고, '곤도(坤道)'는 여성을 이룬다. 건곤의 기운이 교감하여 변화를 통해 만물을 생성하니, 만물이 끊임없이 생겨나 변화가 다함이 없다. 오직 사람만이 그 중 빼어난 것을 얻어서 가장 영묘하다. 형체가 생기고 정신은 지각을 일으킨다. 오성(五性)이 감응하여 움직이니 선과 악이 나누어지고 온갖 일이 생겨난다.

무극인 태극-음양-오행-만물로 이어지는 논리 중에서 오행이 만물을 낳았다는 주장은 기존의 신화와는 다를 뿐 아니라 인간만이 지각을 지니고 있다는 사고도 신화 속의 논리와 상당히 다르다. 태극도설은 만물 중에서 인간만이 지각을 갖고 있다는 전제 아래 논리를 전개하기 때문에 만물과 인간의 관계는 상하 및 수직 관계이다, 이러한 논리는 곧 인간이 '만물의 영장'이라는 사고에 큰 영향을 주었다. 그러나 만물 중 인간만이 지각을 가졌다는 생각은 모든 생명체의 가치가 같다는 생태의식의 결여에서 나온 발상이다. 식물도 지각을 갖고 있다는 사실은 이제 상식이지만 송대의 철학자들은 인간 이외의 존재에 대해서는 인간과 같은 생명체로 인식하지 않았던 것이다. 생태학 차원에서 보면 신화 속의 식물 인식은 생태의식을 제대로 갖추고 있다. 이런 점에서 북송시대 철학자들은 오히려 이전 시대의 사람들보다 생태의식이 후퇴한 것이다.

중국의 천지 창조 신화를 읽으면 자연스럽게 『성경』의 「창세기」 1장이 떠오른다. 성경 번역은 번역본에 따라 표현이 아주 다양하지만 대체로 정리하면 다음과 같다.[9]

태초에 하느님이 천지를 창조했다. 땅이 혼돈하고 공허하며 흑암이 깊음 위에 있고 하느님의 영은 수면 위에 운행했다. 하느님이 이르시되 "빛이 있으라" 하니 빛이 있었다. 그 빛이 하느님이 보기에 좋았다. 하느님이 빛과 어둠을 나누어 빛을 낮이라 부르고 어둠을 밤이라 부르니, 저녁이 되고 아침이 되니 이는 첫째 날이다.

하느님이 "물 가운데에 창공이 있어 물과 물로 나뉘라" 하니 그대로 이루어졌다. 하느님이 창공을 만드니 창공 아래의 물과 창공 위의 물로 나뉘니 그대로 되었다. 하느님이 창공을 하늘이라 부르고 저녁이 되고 아침이 되니 이는 둘째 날이다.

하느님이 "천하의 물이 한곳으로 모이고 뭍이 드러나라" 하니 그대로 되었다. 하느님이 뭍 땅이라 부르고 모인 물을 바다라 부르니 하느님이 보기에 좋았다. 하느님이 "땅 위에 낟알을 내는 풀과 씨 있는 온갖 과일나무가 돋아나라"하니 그대로 되었다. 이리해서 땅에는 푸른 움이 돋아났다. 낟알을 내는 온갖 풀과 씨 있는 온갖 과일나무가 돋아났다. 하느님 보기에 좋았다. 저녁이 되고 아침이 되니 이는 셋째 날이다.

하느님께서 "바다에는 고기가 생겨 우글거리고 땅 위 창공 아래에는 새들이 생겨 날아 다녀라" 하자 그대로 되었다. 이리하여 하느님께서는 큰 물고기와 물속에서 우글거리는 온갖 고기와 날아다니는 온갖 새들을 지어냈다. 하느님께서 보니 참 좋았다. 하느님께서 이것들에게 복을 내려 주며 말했다. "새끼를 많이 낳아 바닷물 속에 가득히 번성해라. 새도 땅 위에 번성해라"이렇게 닷 샛 날도 밤, 낮 하루가 지났다.

하느님꼐서 "땅은 온갖 동물을 내어라. 온갖 집짐승과 길짐승과 들짐승을 내어라"하니 그대로 되었다. 하느님께서 이렇게 온갖 들짐승과 집짐승과 길짐승을 만들었다. 하느님께서 보니 참 좋았다. 하느님께서 "우리 모습을 닮은 사람을 만들자. 그래서 바다의 고기와 공중의 새, 또 집짐승과 들짐승과 길짐승을 다스리게 하자" 하고, 당신의 모습대로 사람을 지어내었다. 하느님의 모습대로 사람을 지어내되 남자와 여자로 지어내고, 하느님께서는 그들에게 복을 내려주고 말했다."자식을 낳고 번성하여 온 땅에 퍼져서 땅을 정복해라. 바다의 고기와 공중의 새와 땅위의 모든 짐승을 부려라."

하느님께서 다시 "이제 내가 너희에게 온 땅 위에서 낟알을 내는 풀과 씨가 든 과일나무를 준다. 너희는 이것을 양식으로 삼아라. 모든 들짐승과 공중의 모든 새와 땅위를 기어 다니는 모든 생물들에게도 온갖 푸른 풀을 먹이로 준다."하자 그대로 되었다. 이렇게 만든 모든 것을 하느님이 보니 참 좋았다. 엿 샛 날도 밤, 낮 하루가 지났다.

『성경』의 「창세기」 1장의 내용을 생태학적으로 분석하면, 첫째 날과 둘째 날에 낮과 밤, 하늘을 만든 후, 셋째 날에 땅과 바다를 만들고 풀과 나무를 만들었다. 닷샛날에 물고기와 새를 , 엿샛날에 집짐승, 날짐승, 길짐승을 만들고, 남자와 여자를 만들었다. 이처럼 하느님이 만든 생명체의 순서를 분석하면, 우선 식물 다음 동물을 만들었으며, 마지막으로 인간을 만들었다. 이 같은 창조 순서는 『태극도설』에서 인간도 만물 중 하나라는 사실과 다르다. 다만 『성경』과 『태극도설』 모두 인간이 만물보다 우수하다는 지적은 같다. 특히 『성경』에서는 인간이 다른 생명체를 지배하는 종속관계를 분명히 설정하고 있다. 결국 『성경』의 생명체에 대한 창조는 인간이 지배하기 위한 전제였던 것이다. 이렇게 보면 『성경』에서는 생명체 간의 평등한 관계를 의미하는 '생태의식'은 기대할 수 없다. 오히려 철저하게 다른 생명체와 수직 관계를 설정하고 있는 셈이다.

02

백족의 서사시, 걷는 식물

식물은 땅에 뿌리를 내린 후 평생 몸을 옮기지 않고 살아가는 존재이다. 식물은 나무와 풀을 의미하지만 한자의 이름 식물(植物) 중 '식'자는 나무가 곧게 서 있는 모습이다. 글자 상으로 보면 중국인들은 식물을 주로 나무로 인식했다는 것을 알 수 있다. 그러나 중국의 고대 신화에는 한자의 뜻과 달리 식물이 동물처럼 걸어 다니는 얘기가 전한다. 이는 백족(白族)의 서사시 「창세기」에서 확인할 수 있다.

백족은 주로 운남성 대리(大理)에 살고 있다. 운남성은 중국에서도 소수민족이 가장 많이 분포한 곳이다. 현재 백족이 살고 있는 대리는 '대리백족자치주(大理白族自治州)'이다. 대리는 한나라 무제 때 엽유현(葉楡縣)이다. 대리는 송나라 때 대리성(大理城)에서 명칭이 처음 등장했다. 당나라 때 남조(南詔), 송나라 때 대리국(大理國)이 존재했다. 나는 운남성 대리 답사 때 백족을 만난 적 있다. 대리는 대리석(大理石)으로 유명하다. 나는 대리석을 보기 위해 창산(蒼山)에 갔다. 대리성은 운남의 대표적인 관광 명소이다. 나도 이곳에 들러 이곳저곳을 관광했다. 그런데 성 근처에서 양이 끄는 수레를 보았다. 그 순간 불현 듯 낙양에서 서진(西晉)을 세운 무제(武帝, 재위: 265-290)가 떠올랐다. 그는 황제의 자리에 올라서 밤마다 궁녀와 보냈다. 그런데 무제는 궁녀를 찾아갈 때마다 양이 끄는 수레를 타고 양이 멈추는 궁녀의 집에서 머물렀다. 궁녀들은 황제의 마음을 얻기 위해 양이 자신의 집으로 올 수 있는 방법을 찾았다. 궁녀들이 찾은 비법은 양이 좋아하는 음식이었다. 궁녀들은 양이 대나무 잎과 소금을 좋아한다는 것을 알았다. 그래서 궁녀들은 집집마다 문 앞에 대나무 잎을 걸고 소금을 뿌렸다. 이것이 곧 새해 손님을 맞이하는 풍속으로 바뀌었다. 나도 어린 시절 고향에서 이 같은 풍속을 경험했다.

나는 대리성에서 직접 양이 끄는 수레를 타보기 전까지 무제가 실제 양이 끄는 수레를 타고 간 것을 의심했다. 그러나 직접 타보니 가능하다는 것을 알았다. 간혹 역사 속의 얘기를 접하다보면 내용을 의심할 때가 적지 않다. 내용 중에는 사실과 부합하지 않는 것도 있지만 경험하지 않아서 오해하는 경우도 있다. 운남성 대리(大理) 백족(白族)의 아래 「창세기」[10]도 그 중 하나일지 모른다.

- 아득히 먼 옛날 나무와 풀이 걸어 다니고, 바위도 걸어 다니고, 소와 말이 말을 하고, 개와 돼지도 말을 하고, 닭과 오리도 말을 하고, 날아다니는 새도 말을 할 줄 알았다.

식물이 걸어다지고 동물이 말을 한다는 얘기는 얼핏 황당하지만 현재 동물이 말을 한다는 것은 과학적으로도 꽤 알려진 부분이다. 춘추전국시대 제자서(諸子書) 중 동물이 말을 하는 우언은 쉽게 찾아볼 수 있다. 예컨대 여우와 호랑이와 관련한 '호가호위(狐假虎威)', 도요새와 조개와 관련한 '휼방지쟁(鷸蚌之爭)', 개구리와 관련한 '정저지와(井底之蛙)', 뱀과 관련한 '학택지사(涸澤之蛇)' 등은 동물을 인용한 사례에 속한다. 유경숙의 『이원(異苑)』에도 학이 말하는 내용이 실려 있다.[11] 다만 식물이 걸어 다니는 내용은 쉽게 납득하기 어려울지 모른다. 왜 백족은 식물을 걸어 다니는 존재로 이해했을까.

신화학자들은 식물이 걸어 다니는 사유를 원시인류의 모습으로 해석한다. 이러한 신화학자들의 인식은 문화인류학이라는 인문생태차원에서만 해석한 탓이다. 그러나 자연생태와 인문생태의 유기적인 관련성을 함께 고려하는 생태학 차원에서 평가하면 다른 인식에 도달한다. 식물을 자신의 모습과 같은 존재로 인식한 것을 원시인류의 사유라는 식으로 단정하는 평가는 옳지 않다. 식물이 사람처럼 말하고 걸어 다니는 생명체로 인식한 것은 곧 생태의식을 의미한다. 이러한 생각은 생명체에 대한 원시성이 아니라 가장 위대한 인식이다.

나무가 말을 하는 사례 중 하나는 『이원(異苑)』 '제갈박식(諸葛博識)'에 나오는 '신상구(愼桑龜)'의 고사성어이다. 그 내용은 다음과 같다.[12]

- 삼국(三國) 오(吳)나라 때 영강(永康) 사람이 산에 들어가서 큰 거북 한 마리를 묶어서 돌아왔다. 그런데 거북이 사람의 말을 해서 오왕(吳王)에게 바치려고 밤에 월리(越里)의 큰 뽕나무에 배를 매어 두었다. 밤에 뽕나무가 거북을 부르기를 "괴로운가? 원서(元緖:거북 별칭)야, 무슨 일인가?" 하니, 거북이 "내가 묶여 와서 삶기게 되었는데, 남산(南山)의 나무를 다 태워도 나를 익히지 못할 것이다"라고 했다. 뽕나무가 "제갈각(諸葛恪)은 박식하니 반드시 괴롭힐 것이다. 이제 나 같은 것을 구해서 삶는다면 네가 견딜 수 있겠는가?" 하니, 거북은 "너는 내일 말을 조심하라. 화가 네게도 미칠 것이다." 하자, 뽕나무가 조용히 있었다. 손권이 삶게 했지만, 나무 1만 수레를 때도 거북이 전처럼 멀쩡했다. 제갈각이 "오래 묵은 뽕나무로 때야 익는다"해서 거북을 바친 사람이 이에 거북과 뽕나무가 대화하던 말을 전했다. 그래서 그 뽕나무를 베어다가 삶았더니 거북이 곧 삶아졌다.

위의 내용은 청(淸)나라 강희제(康熙帝)의 칙명에 따라 편찬된 유서(類書)인

『연감유함(淵鑑類函)』(1710)에도 수록하고 있다.[13] 신상구는 '좌중담소신상구(座中談笑愼桑龜)'라는 시 구절로 종종 인용되고 있지만, 우리나라에서 흔히 사용한 고사성어는 아니다. 신상구는 송시열의 문집 『송자대전(宋子大全)』을 비롯한 몇 편의 글에서만 확인할 수 있다.

거북과 뽕나무의 대화는 단순히 '말을 삼가라'는 교훈이 아니라 사람 이외의 생명체도 말을 할 수 있다는 사실을 시사한다. 현대과학은 나무들 간의 대화가 가능하다는 사실을 증명하고 있다. 물론 거북과 뽕나무의 대화 내용처럼 인간과 같은 말을 하는 것은 아니지만, 다른 생명체 간에도 소통이 가능하다는 사실마저 부정해서는 안 된다. 사람만이 말을 할 수 있다는 생각은 인간의 오만이다. 이런 점에서 신화 단계의 인류는 지금의 인류보다 훨씬 높은 생태의식을 갖고 있다. 생태학 차원에서 보면 인류의 역사는 생태의식의 결여가 낳은 모순의 결과인지도 모른다. 신화학자들이 신화단계와 비신화단계를 구분하는 것도 생태의식의 결여가 낳은 해석에 불과하다.

03

이족과 토산족의 탄생 신화

운남에 주로 살고 있는 이족은 자신들의 조상이 대나무에서 태어났다고 믿었다. 대나무에서 자신들의 시조를 생각한 것은 곧 그들의 삶에 대나무가 차지하는 비중이 절대적이었다는 뜻이다. 그들은 대나무 없이는 살아갈 수 없는 존재였다. 그런데 대나무는 식물학적으로 나무의 종류가 아니다. 그래서 달오족이 자신들의 조상이 대나무에서 태어났다는 신화는 반은 맞고 반은 맞지 않다.

대나무는 식물학자들도 벼과의 늘푸른나무로 분류하지만, 엄격하게 말하면 나무가 아니라 풀이다. 나무와 풀을 구분하는 절대기준은 리그닌, 즉 목질소(木質素)이다. 목질소는 식물의 세포를 결정하는 요소이다. 그러나 대나무는 성장하면서 부피를 만드는 것이 아니라 죽순 단계에서 부피가 결정된다. 즉 대나무는 죽순 단계에서 평생 부피가 일정할 뿐, 성장하면서 줄기가 굵어지지 않는다. 따라서 이러한 성질을 가진 대나무는 풀이지만, 우리나라 나무도감에는 대나무를 수록하고 있다. 아울러 대나무는 나무의 종류가 아니라 모든 종류의 대나무를 총칭하는 이름일 뿐이다. 따라서 식물학적으로 대나무는 존재하지 않는다. 대나무의 종류는 죽순대, 맹종죽, 왕대, 오죽, 솜대, 이대, 조릿대 등을 들 수 있다. 이러한 대나무 종류 중에서 이족의 조상이 태어날 수 있는 것은 죽순대, 맹종죽, 왕대 정도이다. 그 이유는 아래 이족의 탄생 신화를 통해 짐작할 수 있다.[14)]

- 천지가 개벽하는 태고 시절에 한 죽통에서 사람이 한 명 튀어나왔다. 그의 모습은 원숭이와 비슷했으며, 나오자마자 말을 할 줄 알았다. 아사(亞槎)라 불린 그는 매우 힘든 생활을 했다. 동굴 속에서 살면서 파초 잎으로 옷을 삼고 들쥐와 열매로 생활했다.

죽통에서 사람이 튀어나왔다는 얘기는 대나무가 꽤 굵어야만 가능하다. 대나무 종류 중에서 줄기가 굵은 것은 맹종죽(*Phyllostachys pubescens* Mazel)과 죽순대(*Phyllostachys edulis* (Carrière) J.Houz.) 및 왕대(*Phyllostachys reticulata* (Rupr.) K.Koch.) 등이다. 그런데 맹종죽과 죽순대는 간혹 같은 나무로 이해한다. 인터넷에는 같은 나무로 풀이한 사례가 많다. 그러나 우리나라 '국가표준식물목록'에는 두 나무가 다른 학명을 갖고 있다. 그런데 우리나라 나무도감의 경우 대부분 죽순대만 소개하고 맹종죽은 소개조차 하지 않았다. 맹종죽과 죽순대 및 왕대의 학명 중 속명은 같다. 속명의 '필로스타키스(*Phyllostachys*)'는 그리스어로 '잎'을 뜻하는 '필론(phyllon)'과 '이삭'을 뜻하는 '스타키스(stachys)'의 합성어다. 두 나무의 다른 점은 종소명이다. 맹종죽의 종소명 '푸베스센스(*pubescens*)'는 '작고 부드러운 털이 있다'는 뜻이고, 죽순대의 종소명 '에둘리스(*edulis*)'는 '식용할 수 있는'을 뜻한다. 왕대의 종소명 '레티쿨라타(*reticulata*)'는 '그물처럼 생긴'을 뜻한다.

세 종류 대나무의 또 다른 공통점은 모두 중국 원산이라는 점이다. 죽순대와 맹종죽은 왕대보다 줄기가 굵다. 이족이 자신의 조상이 죽통에서 태어났다는 믿음은 대나무의 생태와 밀접한 관련이 있을 것이다. 죽통에서 사람이 탄생한다면 평소에 그들이 대나무에서 뭔가 터져 나오는 모습을 본 경험이 있어야 한다. 그렇지 않고서는 죽통에서 사람이 탄생한다는 상상은 불가능하다. 대나무에서 사람이 탄생할 수 있는 상상은 이 나무의 줄기 속이 진공상태이기 때문이다. 대나무는 마디마디마다 진공상태이다. 따라서 대나무를 불에 태우면 '꽝'하는 소리가 난다. 나도 어릴 적 대나무를 아궁이에 넣어 대나무 소리를 종종 들었다. 대나무에서 나는 소리를 '폭죽(爆竹)'이라한다. 폭장(爆仗)·포장(炮仗)·편포(鞭炮) 등으로 불리는 폭죽은 오늘날까지 중국인들이 결혼·출생·명절·경축일 등의 경사 때 즐겨 사용한다. 이러한 풍속은 죽통 안의 공기가 팽창하여 폭발하는 소리가 악귀를 쫓는다고 믿기 때문에 생긴 것이다. 폭죽으로 악귀를 물리치는 내용은 당나라 한악(韓鄂, 844-923)의 『사시찬요(四時纂要)』 중 정월 초하루의 기사에서 확인할 수 있다.[15)]

중국에는 대나무 전문서도 적지 않다. 중국 진(晋)나라 대개지(戴凱之)의 『죽보(竹譜)』, 중국 송나라 승려 출신인 찬녕(贊寧)의 『순보(筍譜)』는 대표적인 작품이다. 중국 북위(北魏) 가사협(賈思勰)의 『제민요술(齊民要術)』에는 대나무를 심는 방법 등 대나무 종류를 비롯해서 다양한 정보를 담고 있다. 이는 중국에는 5세기 이전부터 대나무에 대한 정보를 충분히 갖추고 있었다는 뜻이다.

맹종죽은 중국 삼국시대 오(吳)나라 맹종이 겨울에 죽순을 구해 노모를 구한 내용과 관련이 있다. 조선 정조 때 간행한 『오륜행실도(五倫行實圖)』 중 '효자(孝子) 부분 '맹종읍죽(孟宗泣竹)'에서 소개하고 있다.[16)] 맹종은 어머니가 먹고 싶다는 죽순을 구하기 위해 여러 곳을 다니다가 어느 곳에서 죽순을 구할 수 있었다. 『오륜행실도』의 대나무 그림은 줄기가 아주 굵은 맹종죽은 아니지만, 대나무 옆에는 꽤 많은 죽순이 있다. '맹종읍죽'은 맹종이 땅이 언 겨울에 죽순을 얻을 수 없었는데도 간절히 기도한 덕분에 얻어서 노모를 봉양한 아들의 효성을 기리는 내용이다. 『제민요술』에서 인용한 『동관한기(東觀漢記)』에 따르면, 마원(馬援)은 지금의 광서성 여포(荔浦)에서 겨울철 죽순을 보고 '포(苞)'라 불렀다.[17)]

이족의 조상이 원숭이를 닮았다는 얘기도 원숭이가 인류의 조상인 유인원에 속한다는 점과 맞닿아 있다. 이족이 자신의 조상을 원숭이로 생각한 이유는 자신들이 살고 있는 곳에 원숭이가 살았기 때문이다. 이족이 사는 곳은 원숭이가 살 수 있는 기후이다. 원숭이는 상나라 때 만든 12지신(支神)에도 등장할 만큼 중국인들에게 익숙한 동물 중 하나이다. 그래서 갑골문에도 원숭이를 의미하는 상형문자인 '후(猴)'가 등장한다. 원숭이를 의미하는 또 다른 한자인 '원(猿)'은 '긴 손으로 물건을 잡아당긴다'는 뜻을 가지고 있다. 이족이 원숭이를 언급한 것은 자신들이 살던 곳이 숲이 울창했다는 뜻이기도 하다. 왜냐하면 숲이 울창하지 않으면 원숭이가 살아갈 수 없기 때문이다. 중국 상나라 시대 황하 유역에는 코끼리도 살 수 있을 만큼 기후도 온난했을 뿐 아니라 숲이 울창했다. 이족의 조상이 살았던 동굴, 옷의 원료인 파초, 음식인 열매 등도 이들이 살았던 장소를 이해하는 데 큰 도움을 준다. 이족의 조상이 동굴에 살았다면 구석기시대를 뜻하고, 파초로 옷을 만들고 열매로 생존했다는 것은 농경 생활을 하지 않았다는 뜻이다.

토산족 신화의 전체적인 구도는 반고 신화와 닮았지만 묘사 내용은 다르다. 아울러 토산족의 신화는 이족의 신화와 달리 자신들의 시조를 아주 구체적으로 묘사하고 있다.[18]

> 옥황상제는 여신 의라아파(衣羅阿巴)에게 사람을 만들게 했다. 그녀는 대나무로 골격을 만들고 연꽃잎으로 폐와 간을 만들었다. 강두(豇豆)로 창자를 만들고 호로(葫蘆)로 머리를 만들었다. 구멍을 아홉 개 뚫어 입김을 한 번 불어넣으니 대나무로 된 사람이 숨을 내쉬면서 걷게 되었다. 이로부터 세상에 사람이 있게 되었다.

신화 내용을 살피면 적지 않은 정보를 얻을 수 있다. 우선 대나무로 사람의 틀을 만들었다는 점을 들 수 있다. 이는 대나무가 절대적인 위치를 차지하고 있다는 뜻이다. 다음으로 지적할 것은 신체 구조를 묘사한 내용이 지금도 인류가 쉽게 접할 수 있는 사물이라는 사실이다. 인간의 신체 중 가장 먼저 만든 것은 폐와 간이었다. 폐와 간을 만든 재료는 수련과의 연꽃잎이었다. 신화에는 왜 폐와 간을 연꽃잎으로 만들었는지에 대해서는 언급하지 않아서 그 이유를 구체적으로 알 수 없다. 다만 한 가지 분명한 것은 실존하는 연꽃잎을 언급한 사실이다. 신화를 창조한 사람이 연꽃잎을 통해 폐와 간을 만들었다고 상상했다면, 나름대로 충분한 근거가 있었을 것이다. 연꽃은 부위에 따라 명칭이 다르다. 연꽃의 '연(蓮)'은 열매이고, 잎은 '하(荷)' 혹은 '하엽(荷葉)'이고, 뿌리는 우(藕)이다. 폐와 간을 연꽃잎에 비유했다면 뭔가 닮았다고 생각했기 때문일 것이다. 폐와 간의 모양은 연꽃잎과 완전히 닮지는 않았지만 전체적으로 닮은 부분이 있다. 폐의 기능 중 하나가 숨을 들어 쉬는 것이라면 연꽃잎의 중심 부분도 숨을 쉬는 기능을 담당하고 있다.

창자를 강두로 만들었다면 강두의 모양이 창자와 닮았을 것이다. 실제 강두는 열매의 모양이 아주 길어서 창자와 무척 닮았다. 문제는 중국에서 강두를 언제부터 재배했는지를 확인하는 일이지만 파악이 쉽지 않다. 『제민요술』에는 강두(江豆)로 기록되어 있다. 『본초강목』에 강두(豇豆)를 '강(江)'과 '강(絳)'으로 사용한다고 적고 있는 점으로 보면 『제민요술』의 '강두'도 강두(豇豆)와 같은 종류로 볼 수 있다. 그런데 『본초강목』에는 강두(豇豆)를 자세히 소개하고 있지만 지배 지역에 대해서는 언급하지 않고 있다. 다만 『광아(廣雅)』에서 강두를 호두(胡豆), 즉 땅콩은 아니라는 점을 감안하면 중국에서 일찍부터 재배한 콩일 가능성이 높다.[19] 18세기와 19세기 강소성 회안부(淮安府)·해주(海州)·강녕부(江寧府)·양주부(揚州府)·통주(通州)·상주부(常州府) 등의 지방지 자료에서 강두를 확인할 수 있다. 나는 박사학위논문을 준비할 때 청대 강소성 지방지 자료의 곡물을 모두 확인한 바 있지만, 당시 논문의 중심이 벼와 보리 및 밀 등 곡물 종류에 관심을 두고 있었기 때문에 강두를 비롯한 콩의 종류는 부록에만 수록했다.[20] 그런데

20년이 지난 지금 다시 강두를 떠올리니 감개무량하다.

머리를 호로로 만들었다는 내용은 호로의 모양을 생각하면 다른 식물과 달리 쉽게 짐작할 수 있다. 게다가 호로는 중국의 재배 역사도 아주 깊다. 호로는 호리병을 닮은 박이다. 중국에서는 하모도문화(河姆渡文化) 유적지에서 호로의 씨가 발굴되었다. 그래서 중국에서 호로를 지배한 역사는 최소 7천년이다. 하모도문화는 양자강 하류의 현재 강소성 강녕부 호숙진(湖熟鎭)을 대표하는 '호숙문화'이다. 하모도인들은 골기·목기·석기·토기 등을 사용했으며, 화경(火耕) 농법에서 벗어나 수전(水田) 벼농사를 지었을 만큼 독자적인 문화를 창조했다. 호로는 『논어』「양화(陽貨)」의 '호과(瓠瓜)'이다. 공자가 얘기 중에 박을 언급한 것은 식물이 지식 정보에 아주 유용하기 때문이었다. 공자가 식물의 중요성을 언급한 시경을 읽으면 "새와 짐승, 풀과 나무의 이름을 많이 알게 한다" 대목도 「양화」에 나온다.[21] 더욱이 공자가 제자 자공(子貢)에게 한 "하늘이 무슨 말을 하는가? 사시(四時)가 운행하고 만물이 생장하는데 하늘이 무슨 말을 하는가?"구절[22]도 의미심장하다. 즉 공자는 일상에서 만나는 모든 생명체가 하늘의 뜻이라고 생각했지만 자공은 공자의 말씀을 끝내 깨닫지 못했다. 『시경』「빈풍(豳风) · 칠월(七月)」의 제목도 '호(壺)'이다.[23] 이 구절은 지금의 섬서성에서 7월에 박을 수확하는 내용이다.

우리나라에서도 『삼국유사』「기이」에 김알지의 탄생 신화와 관련한 '호공(瓠公)'에서 호로를 확인할 수 있다. 즉 "호공이 월성(月城) 서쪽 마을을 지나가고 있을 때에 시림(始林) 숲 속 나뭇가지에 황금 궤짝이 걸려 있고 밝은 빛이 그곳에서 나오고 있었다. 또 흰 닭이 나무 아래에서 울었다. 호공이 왕에게 아뢰자 왕이 가서 궤짝을 열어 보았는데 그 안에 남자아이가 있었다. 그 이름을 알지(閼智)라고 지었다."[24] 알지의 탄생을 계기로 이곳을 계림(鷄林)이라고 고쳐 불렀고, 일정 기간 동안 계림은 신라의 국호로 사용되었다. 안정복(安鼎福)의 『동사강목(東史綱目)』에 따르면, "호공(瓠公)은 씨족과 성명이 자세하지 못하다. 본래 왜인(倭人)인데, 당초에 박[瓠]을 허리에 매고 바다를 건너왔기 때문에 호공이라고 불렀다."[25] 여담이지만 이학규(李學逵, 1770-1835)의 작품 중 『포화옥집(匏花屋集)』의 '포화'는 박꽃을 뜻한다. 더욱 흥미로운 것은 이학규의 호가 '낙화생(落花生)', 즉 땅콩이고, 그의 문집이 『낙화생집(落花生集)』이다. 이학규의 어머니는 여주 이씨 이용휴(李用休)의 딸이었다. 그는 태어나기 5개월 전에 아버지가 22살의 나이로 죽자, 외할아버지인 이용휴에게 교육을 받았다. 그러나 그의 부인이 정약용의 집안 나주 정씨였던 까닭에 천주교 신자 삼종숙(三從叔) 이승훈(李承薰, 1756-1801), 백서사건의 주인공인 내종제(內從弟) 황사영(黃嗣永, 1775-1801)과의 관련으로 유배의 아픔을 겪었다.

2부

나무 위에 산 인간

01

『장자』 「도척」의 유소씨

중국 전국시대 장주(莊周)의 『장자(莊子)』는 중국의 신화를 이해하는 데 아주 중요한 자료이다. 『장자』는 중국 제자서(諸子書) 중에서 가장 풍부한 신화 기록을 담고 있다. 그 중에서도 「도척(盜跖)」과 「거협(胠篋)」은 중국의 조상이 어디서 살았는지를 알려주는 정보가 들어 있다. 「도척」에서 중국의 조상이 나무 위에서 산 내용을 살피면 다음과 같다.[26)]

- 옛날에는 새나 짐승이 많고 사람이 적어서 백성이 나무 위에 집을 짓고 살면서 금수의 위험을 피했다. 낮에는 도토리나 밤을 주워 먹고, 밤에는 나무 위에서 살았다. 그래서 이들을 일컬어 '유소씨(有巢氏)의 백성'이라 불렀다.

  또 옛날 백성들은 옷을 입을 줄 몰랐다. 여름에는 나무를 많이 쌓아두었다가 겨울에 이것을 사용했다. 그래서 이들을 일컬어 '지생(知生)의 백성'이라 불렀다. 신농씨 때 백성들은 누워있을 때 편안하고 일어났을 때 스스로 즐거웠으며, 사람들은 그 어머니만 알고 그 아버지는 몰랐다. 사슴과 어울려 살면서 밭을 갈아 밥을 먹고, 베를 짜서 옷을 해 입어 서로 해칠 마음이 없었으니, 이는 지극히 덕이 성한 것이었다. 그러다가 그 뒤에 황제(黃帝)는 덕을 이루지 못해 치우와 탁록(涿鹿)의 들에서 싸워 사람의 피가 백 리까지 흘렀다. 다시 그 뒤에 요와 순이 일어나 천자가 되어 백관(百官)을 세웠고, 탕(湯)은 그 주인 걸(桀)을 쫓아내었고, 무왕은 주(紂)를 죽였다. 그 뒤부터 굳센 사람은 약한 사람을 먹었고, 많은 사람은 적은 사람을 죽였으니, 탕왕과 무왕부터 그 뒤로는 모두 난인(亂人)의 무리였다.

장자가 「도척」에서 언급한 위의 내용은 가상의 얘기지만 전국시대 사람이 이전 사회를 어떻게 이해했는지를 알 수 있는 중요한 자료이다. 장자가 만든 '도척'은 지금 '악한 사람의 대명사'로 사용하고 있다. 그런데 장자가 만든 도척은 현인으로 알려진 유하계(柳下季)의 동생이고, 유하계는 공자와 친구였다. 유하계는 유하혜(柳下惠)이다. 그의 이름 '유하'는 버드나무 아래에서 나물을 먹어서 생긴 이름이다. 도척은 구천 명을 거느리고 다니면서 온갖 악행을 저질렀지만 형도 어쩔 수가 없었다. 그래서 공자가 직접 나서서 도척을 교화하려했지만 결국 실패했다. 장자가 「도척」의 이름을 빌어 전하고 싶었던 것은 인의를 얘기하는 공자도 도척 이상으로 큰 도적이라는 사실이다. 장자는 도적이 없는 시대를 바로 인간이 나무 위에서 살던 시대로 파악했다.

장자가 도척의 입을 통해 묘사하고 있는 이른바 태평성세는 인간이 나무 위에서 살던 시대였다. 장자는 나무 위에 사는 백성을 '유소씨의 민'이라 불렀다. 이는 당시의 백성들이 모신 사람이 '유소씨'라는 뜻이다. 유소씨는 '나무의 집에 사는 씨족'을 뜻한다. 그런데 유소씨는 나무 위에 산 것을 염두에 두고 만든 글자이다. 이름에 '유'자를 사용한 사례는 순임금의 호 '유우(有虞)'를 들 수 있다. '씨'는 중국의 성씨(姓氏) 제도와 결혼 풍습에서 매우 중요하다. 성씨 제도는 은나라부터 나타나고 있다. 중국에서 처음으로 성씨를 정리한 저서 후한(後漢) 응소(應

邵)의 『풍속통성씨편(風俗通姓氏篇)』에 따르면, 중국 한나라 이전의 성씨는 500종이다. 송나라 정초(鄭樵)의 『통지(通志)』에 따르면, 12세기 중국의 성씨는 1,100종, 청나라 때는 5천 종 이상, 현재 중국의 성씨는 대략 6천 종 정도이다.[27] 가장 큰 분류인 성은 혼인 때 필요했다. 같은 성끼리 혼인하지 않는다는 '동성불혼(同姓不婚)' 풍습은 주나라 때부터 생겼다. 중국 고대 왕족이나 귀족의 성 가운데 '여(女)' 변이 적지 않다. 예컨대 은나라는 사(姒), 주나라는 희(姬), 제나라는 강(姜)이었다. 이 같은 사실은 도척에서 언급한 것처럼 모계사회와 밀접한 관련이 있다. 성은 누구나 사용했지만 씨는 씨족사회에서 귀족만이 사용했다. 씨는 귀족 집단의 명칭이다. 예컨대 주(周)를 비롯해서 노(魯)·진(晉) 등은 국가의 이름이 곧 군주의 씨였다. 아울러 공실(公室)에서 분가한 집안에서는 그들의 시조와 공실관계를 씨로 삼았다. 예컨대 맹손씨와 숙손씨 등이 해당한다. 이외에 사마(司馬), 사(史), 복(卜) 등의 권위 씨는 세습적 직업을 씨로 삼았다. 실명 대신 '자(字)'를 사용하는 풍속도 주나라 때 생겼다. 이런 점에서 유소씨는 백성이 아니라 당시 지배층을 의미하는 용어이다.

장자가 언급한 유소씨의 신화는 저자가 중국의 조상이 어디에서 살았는지를 고민한 증거 중 하나이다. 장자가 무엇을 보고 유소씨를 생각했는지에 대해서는 기록이 없어서 알 수 없지만, 유인원의 생활에서 참고했을 수도 있다. 그런데 유인원의 생활을 관찰하지 않더라도 인간이 나무 위에서 살았을 것이라는 생각은 인간의 삶에서 나무와의 관계를 생각하면 그다지 어렵지 않다. 장자가 언급한 것처럼 인간이 나무 위에서 산 이유는 금수를 피하기 위해서였다. 사람보다 금수가 많으면 땅 위에서 살 수가 없지만, 나무 위에서 살 수 있었던 것은 나무의 열매를 먹을 수 있었기 때문이다. 유소씨의 백성은 낮에 나무에서 내려와 참나뭇과 갈잎큰키나무인 상수리나무(*Quercus acutissima* Carruth.)의 열매인 도토리와 참나뭇과 갈잎큰키나무인 밤나무(*Castanea crenata* Siebold & Zucc.)의 열매인 밤을 주워 생존했다. 유소씨의 백성이 먹었던 도토리와 밤은 참나뭇과라는 공통점을 갖고 있다.

상(橡)수리나무는 참나뭇과 중에서도 열매가 가장 크기 때문에 일찍부터 구황식물로 각광을 받았다. 상수리나무의 열매는 상실(橡實)이다. 중국의 구황식물은 본초학(本草學)에서도 중요한 위치를 차지한다. 1116년 남송(南宋) 구종석(寇宗奭)의 『본초연의(本草衍義)』에는 상수리나무의 열매인 상실을 설명하고 있고, 명나라 태조 주원장의 다섯 째 아들인 주왕(周王) 주숙(朱橚, 1361-1425)의 『구황본초(救荒本草)』에서는 상수리나무를 상자수(橡子樹)로 불렀다.[28] 주숙은 의학자이면서도 식물학자였을 만큼 구황식물에 깊은 관심을 갖고 있었다. 원나라 주진형(朱震亨, 1281-1358)은 『본초연의보유(本草衍義補遺)』를 편찬했으며, 1433년에 편찬한 『향약집성방(鄕藥集成方)』에서도 『본초연의』를 인용하고 있다. 『구황본초』에서는 도토리 먹는 방법까지 기록하고 있다. 도토리는 떫은 맛 때문에 물에 담가서 제거해야 묵을 만들어 먹을 수 있다. 『구황본초』에서는 15차례 물을 갈아서 떫은맛 제거를 권하고 있다. 찻잎에도 들어 있는 도토리의 탄닌산(tannin酸)은 참나무가 인류의 식량 보급에 큰 장애요인이었다. 경상도에서는 도토리를 '돼지의 밥'을 의미하는 '꿀밤'이라 불렀다. 풍년에 상수리나무 열매를 돼지에게 먹였다는 내용은 중국 최초의 종합 농서인 북위 가사협의 『제민요술』, 청나라 유조헌(劉祖憲)의 『상견도설(橡繭圖說)』에서도 확인할 수 있다.

상수리나무에 대한 재배법은 구황을 해결하는 데 아주 중요한 의미를 갖는다. 중국의 경우 상수리나무 재배법에 대한 최초의 기록은 『제민요술』이다. 중국 최초의 농서인 한나라 범승지(氾勝之)의 『범승지서(氾勝之書)』에는 상수리나무에 대한 기록이 없다. 다만 당나라 한악(韓鄂)의 『사시찬요(四時纂要)』에는 상수리나무[櫟]에 대한 재배법을 소개하고 있지만, 『제민요술』의 '작(柞)'에 대한 재배법을 요약한데 불과하다. 『상견도설』에서도 상수리나무를 재배하는 방법을 소개하고 있다. 『제민요술』의 상수리나무 재배법은 다음과 같다.[29]

● 산이나 언덕의 굽이를 따라 세 차례에 걸려 부드럽게 땅을 갈고 상수리씨[橡子]를 흩어 뿌리며 즉시 두 번 골라가며 흙으로 덮는다. 싹이 트면 김매기해서 늘 깔끔하게 유지한다. 처음부터 정식으로 심고 옮기지 않는다. 10년 지나면 서까래가 되고 잡용(雜用)할 수 있다. 1 그루에 10문(文)의 가치가 있다. 20년이면 집의 마룻대로 쓸 수 있다. 한 그루에 100전(錢)의 가치가 있다. 땔감은 별도이다. 베어내면 다시 자라기 때문에 제대로 재생하도록 잘 관리해야 한다. 무릇 가구를 만들기 위해서라면 전체적으로 상수리나무를 심어서 중요한 몫으로 키워야 한다. 10년이면 못 만드는 것이 없을 만큼 다양하게 쓰인다.

상수리나무는 중국 최초의 사전인『이아(爾雅)』에서 언급한 '역(櫟)'이다.『이아』에 등장하는 허(栩)도 상수리나무를 뜻한다.『시경』에는 '허', '역', '작(柞)', '역(棫)' 등 참나무 종류를 뜻하는 다양한 이름이 등장한다. 역(櫟)의 글자는 열매가 주렁주렁 달린 모습이다. 상수리나무 역은『장자』「인간세(人間世)」에서는 '쓸모없는 나무'로 등장한다. 청대 유조헌의『상견도설』에 따르면, 상수리나무는 지역에 따라 사용하는 글자가 달랐다.[30] 예컨대 산동과 민중(閩中: 현재 복건성과 절강성 동남부)에서는 곡(槲), 귀주에서는 청강(青棡)이라 불렀다. 그런데 지역마다 달리 불렀던 상수리나무의 이름은 때론 곡과 청강이 떡갈나무를 의미할 때도 있다. 상수리나무와 떡갈나무를 의미하는 또 다른 한자는 작(柞)이다. 이처럼 하나의 한자가 두 가지 뜻을 가진 것은 한자의 특성 중 하나이다. 상수리나무를 비롯한 굴참나무 및 떡갈나무 등은 고대인들이 엄격하게 구분해서 사용하지 않았을 가능성이 높다.

상수리나무는 열매만 어려움을 구하는데 사용한 것이 아니라 누에의 먹이이기도 했다. 누에는 주로 뽕나무 잎을 먹지만, 때론 누에가 상수리나무 잎을 먹고 만든 상견(橡繭)도 있었다.『상견도설』에는 상수리나무의 이익과 더불어 누에 치는 방법 등을 그림과 함께 실었다.

유소씨의 백성들이 먹은 밤을 생산하는 밤나무는 갑골문자에 등장할 만큼 중국의 역사에 깊이 자리 잡고 있는 나무이다. 『논어』「팔일(八佾)」에도 밤나무가 등장한다. 즉 『논어』에 따르면 하후씨(夏后氏: 우임금이 세운 하나라)는 소나무를, 은나라는 측백나무를, 주나라는 밤나무를 토지신의 나무로 삼았다.[31] 주나라에서 밤나무를 토지신의 나무로 삼은 이유는 백성으로 하여금 전율케 하려고 했기 때문이다. 이 내용은 공자의 제자인 재아(宰我)가 노나라 왕 애공(哀公)의 물음에 대답한 것이다. 남송의 주희는 하나라와 은나라 및 주나라 등 각국마다 토지신의 나무가 달랐던 이유를 토질로 해석했다. 동방삭의 『신이경(神異經)·동북황경(東北荒經)』에는 아주 기이한 밤나무를 소개하고 있다. 『신이경·동북황경』에는 여러 내용을 소개하고 있는 항목과 달리 유일하게 밤나무만 소개하고 있다.[32]

- 동북쪽의 변경 가운데 어떤 나무는 높이가 40장이고, 잎의 길이는 5척, 너비는 3척이며 이름을 '율'이라 한다. 열매의 지름은 3척 2치이며 껍질은 붉고 속살은 황백색(黃白色)이며 맛이 달다. 이것을 많이 먹으면 사람의 기가 약해지고 고갈된다.

우리나라에서도 선사시대부터 참나무 종류를 이용한 유물이 발굴되었다. 조선왕조실록에는 참나무 열매로 구황했다는 기록이 적지 않다. 참나무의 열매인 도토리는 중국만이 아니라 참나무가 자랄 수 있는 지역에서 구황식물로 크게 기여했다.

유소씨의 백성이 도토리로 생존했다는 기록은 당시 상수리나무를 비롯한 참나무 종류의 숲이 울창했다는 것을 뜻한다. 그 당시부터 지금까지 상수리나무에서 열매를 얻기까지는 최소 10년 이상을 기다려야하기 때문이다. 『제민요술』에서 언급하고 있는 상수리나무의 재배법은 상수리나무의 결실과 밀접한 관계가 있다. 상수리나무의 생태를 구체적으로 알면, 유소씨의 백성이 생존하기 위해서는 주변에 최소 10년 이상의 상수리나무 숲이 울창하지 않고서는 불가능하다는 사실을 알 수 있다. 『장자』「인간세」에 등장하는 제나라 곡원 땅 사당 앞의 나무 줄기가 소를 가릴 만한 백 뼘이고, 산을 내려다볼 만큼 높고, 배를 만들 수 있는 여러 개의 가지의 주인공인 상수리나무에 대한 얘기도 당시 지금의 산동성 제나라에서도 참나무 종류의 숲이 울창했다는 증거이다.

참나무 종류는 중국 한나라 때도 적지 않았다. 특히 한나라의 오작궁(五柞宮)은 궁에 다섯 그루의 떡갈나무 때문에 생긴 이름이다. 한나라 유흠(劉歆)의 『서경잡기(西京雜記)』에 등장하는 오작궁에 대한 내용은 다음과 같다.[33]

> 오작궁에 떡갈나무 다섯 그루가 있었다. 나무의 굵기가 모두 세 아름이었으며 윗 가지 드리운 그늘이 수 십 이랑을 덮을 정도였다. 그 궁의 서쪽에 청오관(靑梧觀)이 있었다. 그 관 앞에는 세 그루의 벽오동이 있었다. 나무 아래에는 돌로 만든 기린이 두 마리고 있고 그 겨드랑이에 글씨가 새겨져 있었다. 그것은 진시황제 역산(酈山) 능묘에 있던 물건이다. 머리는 높이가 1장 3척이었다. 동쪽에 있는 것은 앞의 왼쪽 다리가 부러졌다. 부러진 곳에 피처럼 붉은 것이 있었다. 마을 노인은 그것에 신령이 깃들어 있어서 모두 피가 담겨 있고 근육이 연결되어 있다고 말했다.

오작궁과 다섯 그루 떡갈나무의 '다섯'은 아마도 음양오행과 무관하지 않을 것이다. 오작궁은 한나라 무제가 장양궁(長楊宮)과 함께 건립한 것이다. 현재 섬서성 서안시 주지현(周至縣)에 위치하고 있다. 주지현은 한나라 때 주지현[盩지(厂+至)縣]이었다. 주지현의 '주'는 산이 굽은 모습이고, '지'는 물이 굽은 모양을 뜻한다. 따라서 오작궁과 장양궁은 경치가 아주 좋은 곳에 위치하고 있었다. 오작궁은 무제가 봄날 한가할 때 찾아갔던 곳이다. 그는 오작궁에 가면 몇 칠 동안 머물렀다. 특히 오작궁은 무제가 죽은 곳이기도 하다. 그는 임종 때 8살의 아들 소제(昭帝)를 신임하던 곽광(霍光), 금일제(金日磾), 상관걸(上官桀), 상홍양(桑弘羊) 등에게 보좌토록하고 70세의 나이로 죽었다. 장양궁은 궁중에 수양버들이 수무(數畝)

에 걸려 있었기 때문에 생긴 이름이다. 한나라 궁궐에는 이외에도 죽궁(竹宮), 당리궁(棠梨宮), 포도궁(葡萄宮), 세류관(細柳觀), 목화관(花木觀), 혜초전(蕙草殿) 등 식물 이름을 가진 궁들이 많았다. 이처럼 한나라 때 궁궐에 식물 이름을 붙인 것은 제국(帝國)의 황제들이 자신들의 권위를 자랑하기 위해서였다. 진나라 때 생긴 황제의 원림(苑林)인 상림(上林)은 식물만이 아니라 온갖 동물까지 길렀던 곳이다. 유럽의 절대주의 시대 왕들이 화려한 궁궐과 더불어 온갖 식물을 가꾼 것이나 중국 청대 건륭황제가 유럽을 모방해서 원명원에 분수를 설치한 것 등도 모두 제국시대의 권위를 자랑한 모습이다. 진나라와 한나라 때의 원림이었던 상림은 우리나라 함양군의 상림에서도 만날 수 있다. 진나라의 수도 함양과 상림이 묘하게도 일치한다.

화려한 궁전은 언제나 화를 부른다. 왜냐하면 궁궐 건축에 엄청난 인력과 비용이 들뿐 아니라 관리비도 엄청나기 때문이다. 화려한 궁궐은 나라 경제가 원활할 때나 가능하지만 경제가 좋지 않으면 금세 탈이 난다. 무제가 각종 궁궐을 화려하게 만들 수 있었던 것은 그의 할아버지인 문제(文帝)와 아버지 경제(景帝) 때의 넉넉한 경제 덕분이었다. 한나라 문제와 경제는 중국은 물론 우리나라에서도 선정(善政)시대로 평가하고 있을 정도이다. 그러나 무제는 선대의 풍족한 재정을 흉노 정벌을 비롯한 대외원정과 화려한 궁궐을 짓는데 모두 탕진해버렸다. 그 결과 한무제 이후 한나라의 경제는 악화일로를 걸었고, 급기에 무제는 재정 문제를 해결하기 위한 특단의 조치로 중국 최초로 소금과 철 및 술을 전매하는 제도를 실시했다. 그러나 무제가 죽은 후 한나라는 선제(宣帝)이후 외척과 환관의 등장으로 외척 왕망이 새로운 왕조인 신(新)을 세우면서 끝나버렸다. 전한이 멸망하자 원망은 무제 때의 업적으로 화살이 돌아갔다. 북송의 소식(蘇軾)은 당나라 현종이 안록산의 난으로 사천으로 피난까지 가자 「여지탄(荔枝嘆)」을 통해 양귀비의 사치를 비판했듯이, 「여산(驪山)」과 「능허대기(凌虛臺記)」를 통해서 한무제의 사치를 비판했다.

유소씨 백성이 밤을 주워서 먹을 수 있었던 이유 중 하나는 열매가 많이 열리기 때문이다. 밤나무는 3년 정도면 열매를 얻을 수 있다. 『제민요술』에는 각 지역의 밤나무 현황과 재배법을 소개하고 있다. 예컨대 관중의 큰밤[大栗]은 크기가 계란만 했다. 관중의 밤나무는 유소씨 백성의 삶 혹은 그 후손들의 삶에 중요한 의미를 갖는다. 왜냐하면 관중은 중국 고대의 역사 현장인 섬서성 위수 분지를 일컫기 때문이다. 밤나무 종류 중에는 호율(胡栗)이 있었다. 호율은 아마도 서역에서 들어온 밤나무일 것이다. 식물의 '호'는 호두[胡桃]처럼 서역을 의미하기 때문이다. 『제민요술』에는 '위지'를 인용해서 동이(東夷), 즉 우리나라에도 배[梨]만한 큰 밤을 소개하고 있다. 한나라 무제의 과원(果園)에서는 15알로 1되가 될 만큼 큰 밤이 있었다. 이외에도 진율(榛栗), 괴율(瑰栗), 역양율(嶧陽栗) 등이 있었다. 밤나무를 재배하는 방법은 다음과 같다.[34]

- 밤나무는 열매를 심어 가꾸는 것이지 결코 포기를 나누기로 가꾸는 것이 아니다. 분재해도 착생하지만 얼마 지나지 않아 말라 죽는다. 밤이 익으면 처음으로 밤이 갈라질 때에 밤톨을 꺼낸 뒤 바로 집안의 습한 땅 속에 묻어둔다. 묻을 때는 반드시 깊이 묻어서 얼지 않게 해야 한다. 만약 먼 길을 옮겨야할 경우에는 갈대로 싼 주머니에 담아서 옮긴다. 한 자리에서 2일 이상 묻지 않고 방치하든지 바람에 맞추거나 햇볕을 쏘면 다시 살아나지 않는다. 봄 2월에 싹이 터서 자라면 꺼내서 심는다. 심은 후 수 년간 손댈 필요가 없다. 일반적으로 새로 심은 나무는 어떤 것이라도 손 댈 필요가 없다. 밤나무의 특성은 더욱 그러하다. 3년 동안 매년 10월이면 언제나 풀로 띠를 둘러 매주다가 2월에 풀어준다. 싸매주지 않으면 얼어 죽는다.

밤나무의 짧은 결실기는 유소씨 백성의 생존에 큰 영향을 주었을 것이다. 유소씨 후손들도 밤나무의 이 같은 특성 덕분에 생존에 큰 도움을 받을 수 있었다. 밤나무의 쉬운 재배법도 인류의 생존에 아주 유리했다. 아울러 인류는 밤나무의 많은 열매와 쉬운 재배법 때문에 다른 나무보다 크게 의존할 수 있었다. 그래서 중국과 우리나라 전통시대 조상의 제사에 밤을 올린 것도 밤의 생태와 밀접한 관계가 있다.

유소씨의 백성이 밤에 나무 위에서 잘 수 있었던 것은 가지 때문이었다. 인간은 나무 가지에 걸터앉거나 등을 기대고 잘 수 있다. 나도 어린 시절 고향 집 뒤편의 수은행나무에 올라서 낮잠을 자거나 등을 기대어서 쉰 경험이 있다. 그런데 나무에 올라서 잠을 자기 위해서는 반드시 가지가 옆으로 뻗는 큰키나무라야 한다. 왜냐하면 그렇지 않을 경우 사람이 잠을 잘 수 없기 때문이다. 유소씨 백성이 나무 위에서 잤다면 상수리나무일 가능성이 아주 높다. 밤나무는 밤송이 때문에 사람이 올라가서 잘 수 없는 나무이다. 그러나 상수리나무의 경우에는 나무가 10년 이상 나이를 먹었다면 충분히 잘 수 있는 조건을 갖추고, 낮에 내려가서 열매를 주워서 먹을 수 있는 조건까지 충분히 갖추고 있다. 원숭이를 비롯한 각종 동물들이 나무 위에서 살 수 있는 것도 대부분 나무의 가지 덕분이다. 상나라(은나라)에서 간지(干支), 즉 10간 12지를 창조한 것도 나무의 줄기와 가지 덕분이었다. 중국 최초 문자와 청동기를 만든 주인공인 상나라 사람들은 나무의 줄기를 하늘로, 나무의 가지를 땅으로 생각해서 나름의 세상 이치를 만들었다. 상나라 사람들이 만든 간지는 중국과 우리나라 전통시대는 물론 지금까지도 일상의 삶에 큰 영향을 주고 있다.

중국 고대인들이 나무 위에서 살고 초목의 열매와 새와 동물의 고기를 먹었다는 얘기는 『예기(禮記)·예운(禮運)』에서도 확인할 수 있다.[35]

- 옛날의 왕은 아직 궁실을 갖지 못해 겨울에는 동굴에서 살고, 여름에는 나무 위에 섶나무를 쌓아 올려 만든 집에서 살았다. 아직 불도 없어 초목의 열매, 새와 동물의 고기를 먹고 그 피를 마시며 털도 뽑지 않고 먹었다.

『박물지·잡설상(雜說上)』에는 유소씨가 멸망한 과정을 설명하고 있다. 유소씨 시대에는 난신(亂臣)이 귀한 대접을 받아 국정을 맡았다. 난신은 국정을 농단했다. 그래서 유소씨가 다시 난신의 권력을 빼앗아 나라를 바로잡고자 했으나 난신이 반란을 일으켰다. 그 결과 유소씨는 멸망하고 말았다.

우리나라에서도 유소씨에 대한 관심이 적지 않았다. 우선 윤선도(尹善道, 1587-1671)의 시에서 확인하면 다음과 같다.

「정자우의 시에 차운하여 황각로의 송붕팔경을 노래하다/ 次鄭子羽韻詠黃閣老松棚八景」[36]

황가의 차일(遮日)이 홀연히 하늘 위에 / 黃家棚架忽穹窿
사람들이 말하길 소황의 구목과 같다나 / 人道巢皇構木同
유막의 한 하늘은 옛것 그대로 쓰고 / 劉幕一天仍舊貫
백척의 진루는 표봉이 되거나 말거나 / 陳樓百尺任飄蓬
저물녘엔 동해의 달을 제일 먼저 맞이하고 / 向昏先得東溟月
더울 땐 북악의 바람을 나만 혼자 부른다오 / 當暑偏呼北岳風
누가 주문에 와서 이런 방법 전했을까 / 誰到朱門傳此制
단청(丹靑)이 괜히 허공에 뜨는 것이 싫어서 / 定嫌金碧浪浮空
이는 송붕(松棚)을 읊은 것이다.

정철이 그의 셋째 아들 정진명(鄭振溟, 1567-1614)의 시에 차운한 시 중 소황이 곧 유소씨이다. 유몽인(柳夢寅, 1559-1623)의 『어우집(於于集)』「행와기(行窩記)」에는 유소씨가 나무 위에 집을 지을 수 있었던 이유를 거북과 소라, 굴, 달팽이가 모두 자기 집을 짊어지고 다니는 것을 보고 모방했기 때문이라 적고 있다. 아울러 유몽인은 유소씨가 집을 짓기 이전에 하늘에 영실성(營室星)이 있었다는 사실을 사람들이 전혀 몰랐다는 점까지 지적했다. 영실성은 28수(宿) 중 북쪽에 위치한 별이다. 북쪽에 위치한 까닭에 궁궐을 의미한다. 별자리를 의미하는 '수'가 '잠을 잔다' 혹은 '머무는 집'을 뜻하는 '숙'과 같은 글자라는 점도 흥미롭다.

허목((許穆,1595-1682)의 『기언(記言)』 「격송(激誦)」에는 유소씨를 비롯해서 중국 고대사를 간단하게 서술하고 있다.[37]

- 내 격한 마음에 읊어서 삼황과 성왕 때의 일을 말하노니 / 余激誦㗼皇王

  그 처음은 홍황한 시대였다 / 厥初鴻荒

  임금과 신하라는 것이 처음 생겨서 / 君臣肇有

  인황씨가 새 이름으로 관직명을 삼았다 / 鳥官人皇

  둥지에서 살고 풀로 몸을 가리고 나무 열매를 먹고살았는데 / 居橧巢被草食木

  덕분에 백성이 장수하고 강녕해졌다 / 黎民壽考而康

  그 후에 성인이 집을 지어서 살고 쟁기로 경작하는 법을 가르치니 / 厥後聖人敎之棟宇以處耒耜以耕

  백성이 비로소 집에서 살고 곡식을 먹게 되어 / 民乃宮居粒食

  부모와 자식이 서로 기르고 봉양하여 삶이 풍족해졌다 / 相養以厚生

  성인이 정전(正殿)에 가만히 앉아 있어도 / 聖人南面垂衣裳

  만방이 감화되었다 / 化萬邦

  백성이 속이지 않고 모두가 순후하여 / 民不僞咸淳厖

  부자간에 서로 인애(仁愛)하며 / 父子相仁

  살고 있는 곳을 편하게 여기고 그 삶을 즐겁게 여겨 / 安其居樂其生

  화락하게 지내며 다투지 않았다 / 熙熙而不爭

  옛날 질박하고 무지하던 때에 / 古初朴蒙倥侗

  인문을 일깨웠으니 / 啓發人文

  황제(黃帝)부터 요순(堯舜) 시대에 이르러 / 肇自有熊姚虞

공경하고 명철하여 그 빛이 사방을 덮고 백성이 이에 화목하게 되었다 / 欽明光四表民乃雍

형정을 정제하고 도량형을 균일하게 하니 / 齊政刑均量衡

그때를 대동의 시대라고 한다 / 號爲大同

「격송」 중에 등장하는 인황(人皇)은 유인씨 이전의 황제를 의미한다. 인황씨는 천황씨(天皇氏), 지황씨(地皇氏)와 함께 삼황(三皇) 중 한 사람이고, 천황, 지황, 인황은 곧 태호복희씨(太昊伏羲氏), 염제신농씨(炎帝神農氏), 황제유능씨(黃帝有能氏)를 일컫는다.

유소씨와 더불어 중요한 인물은 수인씨(燧人氏)이다. 수인씨는 불을 만든 사람이다. 그런데 그가 불을 만들 수 있었던 이유는 나무 때문이었다. 그가 나무를 비벼서 불을 만들면서 인류가 음식을 날 것에서 익혀 먹을 수 있었던 것이다. 지금도 나무를 비벼서 불을 만들 수 있다. 불을 만든 수인씨의 '수'의 글자가 곧 '부싯돌'을 뜻한다. 아울러 중국 송(宋)나라 이방(李昉, 925-996)이 편찬한 『태평어람(太平御覽)』권78에서 인용한 『왕자연습유록(王子年拾遺錄)』에 수인씨에 대한 다음과 같은 중요한 정보를 담고 있다.[38]

- 수명국(遂明國)의 '수(遂)'라는 큰 나무[大樹]는 구불구불 널리 뻗어 있었다. 후세에 어떤 성인이 해와 달 밖으로 놀러갔다가 그 나라에 이르러 나무 아래에 쉬었다. 어떤 새가 나무를 쪼았더니 반짝 불꽃이 일어났다. 성인이 느낀바가 있어서 작은 가지로 불을 일으켰으니 수인씨라 불렀다.

수인씨의 유래를 담은 위의 글은 수명국의 '수', 나무 이름 '수', 불을 만든 수인씨의 '수' 등이 모두 같은 의미를 갖고 있다는 사실을 보여준다. 수인씨의 '수'는 수명국과 나무 이름 수에 '불'을 의미하는 글자를 더한데 불과하다. 더욱이 불을 만든 나무 '수(樹)'와도 발음이 같으니 모두 나무에서 출발한다는 것을 뜻한다. 이처럼 중국인들은 자신들의 조상이 나무와 밀접한 관련이 있다고 믿었다.

02

『한비자』 「오두」의 유소씨와 수인씨

중국 전국시대 한비자(韓非子)의 『한비자』「오두(五蠹)」에는 『장자』에 등장하는 유소씨에 대한 내용과 『태평어람』에 등장하는 수인씨에 대한 내용을 수록하고 있다. 「오두」는 『한비자』의 마지막에 실려 있다. '오두'는 '다섯 좀벌레'를 의미한다. 그런데 다섯 좀벌레가 갉아 먹는 대상이 나무라는 사실에도 주목할 필요가 있다. 물론 한비자가 여기서 전하고 싶은 말은 나무를 갉아먹는 다섯 좀 벌레처럼 나라를 갉아 먹는 다섯 부류의 좀벌레이다. 「오두」에 등장하는 유소씨와 수인씨에 대한 얘기의 핵심은 시대의 변화에 따라 대처하는 방법도 달라야 한다는 내용이다. 유소씨와 수인씨에 대한 얘기는 '오두'의 첫 단락에 소개하고 있다.[39)]

- 상고시대에는 사람들의 수보다 금수가 많았다. 사람들은 금수, 곤충, 뱀을 이기지 못했다. 이 때 한 성인이 나타나 나무를 엮어 집을 지서 여러 위험을 피할 수 있었다. 그래서 사람들은 기뻐하며 그를 천하를 다스리는 왕으로 삼고, 유소씨라 불렀다.

사람들은 과일, 열매, 조개를 먹었는데, 비린내가 나거나 악취가 나서 위장을 해쳤기 때문에 대부분 질병에 걸렸다. 그런데 어떤 성인이 나타나 나뭇가지를 비벼 불을 만들어 비랜내를 없앴다. 사람들은 기뻐하며 그를 천하를 다스리는 왕으로 삼고 수인씨라 불렀다.

첫 단락에 유소씨와 수인씨를 소개한 것은 오두에 대한 얘기가 시대 변화에 초점을 맞추고 있기 때문이다. 그런데 '오두'의 유소씨에 대한 내용은 '도척'의 내용과 조금 다르다. 사람보다 금수가 많다는 얘기, 금수의 위험을 피해 나무 위에 살았다는 얘기는 같지만, '오두'에는 유소씨의 백성이 무엇을 먹고 살았는지에 대한 얘기가 없다. 한비자가 상고시대 사람들이 어디에서 살았는가에만 관심을 가진 이유는 구체적으로 언급하지 않아서 알 수 없지만, 한 가지 추측할 수 있는 것은 유소씨 백성의 삶이 아니라 유소씨가 어디에서 살았는가이다. 그래서 그는 상고시대 사람들이 무엇을 먹었는가에 대해서는 수인씨를 설명할 때 언급하고 있다. '오두'에서 불을 발견한 수인씨에 대한 얘기는 『태평어람』의 내용과 조금 다르다. '오두'에서 불을 발견한 가장 큰 이유는 상고인들이 먹었던 음식의 악취로 인한 질병 때문이었다. 『태평어람』에서는 어떤 새가 나무를 쪼다가 생긴 불꽃에서 영감을 얻어서 나무 가지를 비벼서 불을 발견한 내용만 서술하고 있을 뿐, 불을 일으킨 목적에 대해서는 언급하지 않았다.

한비자의 관심은 각 시대마다 다른 대처 방법이었다. 그래서 그는 '오두' 유소씨와 수인씨 다음에 중고(中古)와 근고(近古) 시대를 언급했다.[40)]

- 중고시대에는 천하에 큰 홍수가 있어났는데, 곤(鯀)과 우(禹)가 수로를 터서 물길을 잡았다. 근고시대에는 걸왕(桀王)과 주왕(紂王)이 포학해서 어지럽게 했으므로 탕왕과 무왕이 정벌했다.

한비자가 언급한 중고시대는 역사학에서 신석기시대에 해당하고, 왕조로는 하나라에 해당한다. 따라서 상고시대는 하나라 이전의 구석기시대를 의미한다. 치수(治水)를 담당한 '곤'에 대한 예기는『서경(書經)』「요전(堯典)」에서 확인할 수 있다.[41)]

- 요(堯)임금이 "아! 사악(四岳)아. 넘실대는 홍수가 바야흐로 폐해를 끼쳐서 탕탕하게 산을 에워싸고 언덕을 넘어 질펀하게 하늘까지 번지기에 하민들이 한탄하고 있으니 다스릴만한 자가 있으면 다스리게 하리라."하니, 여럿이"아! 곤(鯀)입니다"라고 말했다. 요임금이 "아! 너의 말이 옳지 않다. 명령을 거역하여 족류를 패망시킨다"하자. 사악이 "그만두더라도 가한지를 시험해 보고 안 되면 그만두어야 합니다"라고 했다. 요임금이 "가서 공경히 임무를 수행하라"했는데, 9년이 지나도록 공적이 이루어지지 않았다.

요임금은 순임금을 추천한 임금이기도 하다. 곤은 우임금의 아버지이다.『춘추좌씨전』에 따따르면, 요임금이 곤을 우산(羽山)에서 죽였다.『산해경(山海經)』「대황남경(大荒南經)」에는 곤의 아내를 언급하고 있다.『산해경』의 곤에 대한 내용은『장자』「소요유(逍遙遊)」중 첫 머리에 등장하는 '곤(鯤)'을 이해하는데도 중요하다.[42)]

- 어떤 사람이 새의 부리에 날개가 달렸는데 지금 바다에서 물고기를 잡고 있다. 대황의 한 가운데 환두(驩頭)라는 사람이 있다. 곤의 아내는 사경(士敬)이고, 사경의 아들은 염융(炎融)이라 하고, 그가 환두를 낳았다. 환두는 사람의 얼굴에 새의 부리를 하고 날개가 달려 있으며, 바다 속의 물고기를 먹고 날개를 지팡이 삼아 다니며 차조와 검은 기장, 올벼와 버들을 먹고 산다. 환두국이 있다.

사람 이름 곤(鯀)과 물고기 이름 곤(鯤)은 같은 의미의 글자이다. 『산해경』에 등장하는 사람 이름 '곤'의 후손인 환두의 물고기를 먹고 날개를 가진 모습은 『장자』 「소요유」 첫머리에 등장하는 곤의 모습과 아주 흡사하다. 『장자』 「소요유」에 등장하는 곤에 대한 묘사는 장자가 자신의 작품 첫 머리에 수록할 만큼 그의 사상을 고스란히 담고 있다.[43)]

- 북쪽 바다에 물고기가 있으니 그 이름을 곤이라 한다. 곤의 크기는 몇 천리인지 모른다. 그것이 변해서 새가 되는데, 그 이름을 붕(鵬)이라 한다. 붕의 등덜미는 몇 천리인지 모른다. 그가 한 번 기운을 떨쳐 날면 날개가 마치 하늘에 드리운 구름과 같다. 붕새는 바다 가운이 한 번 크게 움직일 때 남쪽 바다로 옮겨 가려 한다. 남쪽 바다는 곧 천지(天池)이다.

'오두'에서 언급한 '우'는 역사학에서 하나라의 시조이다. 근고시대에서 언급한 걸왕과 주왕은 각각 하나라와 상나라의 마지막 왕이다. 두 왕은 유가의 작품에서 포악한 군주의 대명사로 등장한다. 탕왕과 무왕 중 탕왕은 재상 이윤(伊尹)의 도움을 받다 하나라의 걸왕을 명조(鳴條)에서 정벌하고 '상'이라는 나라를 건국한 사람이었다. 걸왕의 사치와 부패를 상징하는 단어가 곧 '주지육림(酒池肉林)'이다. 무왕은 상나라 마지막 왕 주왕을 정벌하고 주나라를 건국한 사람이다.

한비자는 시대의 변화에 맞는 대처를 강조하면서 당시 사람들이 이전 시대에 대해 찬미하는 것을 경계했다. 한비자의 이러한 인식은 전국시대의 중요한 역사관을 보여준다. 특히 한비자의 역사 인식은 당시 강력한 경쟁자였던 유가(儒家)의 역사인식과 다르다. 한비자는 "지금(전국시대) 하후씨의 세상에서 하던 대로 나무로 집을 짓고 나뭇가지를 비벼 물을 만드는 자가 있다면, 반드시 곤과 우의 웃음거리가 될 것이고, 상나라와 주나라의 시대에 수로를 터서 물길을 잡은 자가 있다면, 반드시 탕과 무의 웃음거리가 될 것이고, 지금 세상에 요, 순, 우, 탕, 무의 도를 찬미하는 자가 있다면 반드시 이 시대 성인의 웃음거리가 될 것이다"[44] 라고 말했다. 그러나 한비자가 살았던 전국시대의 맹자는 걸핏하면 요, 순, 우, 탕, 무의 도를 얘기했으며, 이후 중국 송나라에서 청나라까지, 우리나라 조선시대 성리학자들도 걸핏하면 요, 순, 우, 탕, 무의 도를 입에 올렸다.

한비자는 시대에 뒤떨어진 역사 인식의 대표적인 예로 송나라 농부의 어리석은 모습을 소개하고 있다. 송나라 농부의 얘기는 곧 '수주대토(守株待兎)'를 뜻한다. 간단히 요약하면 다음과 같다.[45]

- 송(宋)나라에 한 농부의 밭에 나무 그루터기가 있었는데, 토끼가 달려오더니 나무 그루터기에 부딪혀서 목이 부러져 죽었다. 농부는 쟁기를 풀어 놓고 나무 그루터기를 지키며 또 디른 토끼가 걸려 죽길 기다렸다. 그러나 그 후 토끼를 얻지 못하고 송나라 사람들의 웃음거리가 되었다. 지금 선왕의 정치로 현재의 인민들을 다스리려고 하는 것은 모두 그루터기를 지키는 것과 같다

한비자가 언급한 송나라 농부의 얘기는 매우 의미심장하다. 왜냐하면 진(秦)나라의 시황제가 당시 법가사상을 집대성한 한비자의 논리를 적극적으로 수용해서 전국시대를 통일하고 중국 최초의 통일제국을 세웠기 때문이다. 전국시대의 각국은 무한경쟁에서 승리하기 위해 '변법(變法)'을 실시했다. 그러나 대부분의 나라에서는 지배층인 귀족의 반발로 변법에 실패했지만, 진나라만이 변법에 성공했다. 진나라는 시황제 이전부터 상앙이 2차례에 20여 년 동안 변법을 실시한 덕분에 전국 7웅 중 가장 서쪽에 위치하면서도 중원의 강대국을 통일할 수 있었다. 한비자가 인용한 송나라는 춘추시대에는 5패에 속할 만큼 강대국이었지만, 전국시대에는 7웅에 들지 못했다. 따라서 송나라 농부의 얘기는 단순히 농부의 어리석음만을 의미하는 것이 아니라 송나라 전체를 뜻할 수 있다. 송나라 농부의 어리석음에 대해서는 『맹자』「공손추상(公孫丑上)」의 이른바 '발묘조장(拔

苗助長)'에서 확인할 수 있다.[46)]

- 송나라 사람 중 싹이 자라지 않는 것을 안타깝게 여겨 뽑아놓은 자가 있었다. 그는 아무것도 모르고 집으로 돌아와서 집안사람들에게 말하길, '오늘 나는 매우 피곤하다. 내가 싹을 자라도록 도왔다.'하자, 그 아들이 달려가서 보았더니 싹이 말라 있었다.

조선시대 성리학자들도 수주대토의 고사를 자주 인용하고 있지만, 조선은 근본적인 개혁을 하지 못해 결국 일본식민지로 전락했다. 반면 조선을 식민지로 만든 일본은 스스로 기존의 법을 바꾸어 명치유신을 성공시켰다. 한비자와 맹자가 언급한 '수주대토'와 '발묘조장'은 지금도 국가와 개인의 미래에 시사하는 바가 크다.

03

『회남자』「지형」의 건목

한나라 회남왕(淮南王) 유안(劉安)의 『회남자(淮南子)』는 정치 경영서이지만 일부 신화와 관련한 내용이 들어 있다. 유안은 현재 안휘성 팔공산에서 두부(豆腐)를 발명한 사람으로 알려져 있다. 『회남자』「지형(墬形)」은 인류가 나무 위에서 살았던 얘기를 담고 있다. 「지형」의 '지'는 땅을 의미하는 '지'의 옛 글자이다. 「지형」은 『서경』의 「우공(禹公)」 및 『산해경』과 더불어 중국 고대 전문 지리서에 속한다. 건목 이야기는 다음과 같다.[47)]

- 부목(扶木)은 양주(陽州)에 있으며, 해가 빛나는 곳이다. 건목(建木)은 도광(都廣)에 있으며, 많은 임금[帝]이 그 나무를 타고 오르내린다. 이 나무는 햇볕 속에 있어도 그림자가 생기지 않고 소리쳐도 메아리가 없다. 왜냐하면 천지의 중심에 있기 때문이다. 약목(若木)은 건목의 서쪽에 있으며, 나무의 끝에는 열 개의 해가 달려 있어 아래로 땅을 훤하게 비춘다.

위의 내용은 짧지만 아주 다양하고 중요한 정보를 담고 있다. 우선 처음 등장하는 '부목'은 '부상(扶桑)'을 뜻한다. 부목과 부상은 『산해경』「대황동경(大荒東經)」[48]과 「해외동경(海外東經)」[49]에 각각 수록되어 있다.

> 대황(大荒)의 가운데 얼요군저(孽搖頵羝)라는 산이 있다. 그 위에 부목이 있는데 높이가 300리이고, 잎은 겨자와 같다. 골짜기를 온원곡(溫源谷)이라 한다. 양곡 위에 부목이 있는 데 한 개의 해가 막 도착하자 한 개의 해가 막 떠오르며 모든 해가 까마귀를 싣고 있다.
>
> 양곡(陽谷)의 위에는 부상이 있는데 이곳은 열 개의 태양이 목욕하는 곳이며 흑치(黑齒)의 북쪽에 있다. 물 가운데 큰 나무가 있는데 아홉 개의 태양이 아래 가지에 있고, 한 개의 태양이 위 가지에 있다.

부목과 부상에 대한 내용은 약간 다르지만 전체적으로 비슷한 내용을 담고 있다. 부상은 잎이 뽕잎을 닮았고, 나무의 높이가 수 천 장(丈), 둘레가 스무 아름인 나무가 두 그루씩 한 뿌리에서 나와 서로 기대고 있기 때문에 붙인 이름이다. 『회남자』「천문(天文)」에는 부상과 관련한 또 다른 얘기가 등장한다.[50]

> 해가 양곡에서 나와 함지(咸池)에서 목욕하고 부상을 지나는 때를 신명(晨明)이라 한다. 부상에 올라서 이제 여행을 시작하는 때를 비명(朏明)이라 하고, 곡아산(曲阿山)에 이른 때를 단명(旦明)이라 한다. 증천(曾泉)에 이른 때를 조식(蚤食)이라 하고, 상야(桑野)에 이른 때를 안식(晏食)이라 한다.

부상에 대해서는 동방삭(東方朔)의 『신이경(神異經)』에도 자세하다.[51]

- 동쪽에 있는 어떤 나무는 높이가 80장이고 가지가 펼쳐 드리워져 스스로 나무 몸체를 지탱하고 있다. 그 잎의 길이는 1장이고, 너비는 6-7척이며, 이름을 부상이라 한다. 그 위에는 누에가 저절로 자라고 있다. 여기서 만든 고치의 길이는 3척이고, 고치 하나를 실로 뽑으면 비단 한 근이 나온다. 이 나무의 오디 길이는 3척 3치이며 둘레는 길이와 같다.

『신이경』의 내용 중 누에와 비단은 부상이 뽕나무라는 사실을 분명하게 보여주고 있다. 게다가 뽕나무의 생태와 누에 및 비단의 관계를 보여주고 있는 『신이경』의 내용은 다른 부상 관련 자료의 내용과 다른 점이다. 부상과 관련해서 주목할 것은 '부상국(扶桑國)'이다. '부상국'은 동해에 신선이 사는 나라라는 뜻도 있지만, 『양서(梁書)』「부상국전(扶桑國傳)」에서는 중국의 동쪽 땅에 뽕나무가 많아서 붙인 이름으로 기록하고 있다. 여기서 구체적인 국명을 언급하고 있지 않지만 대체로 부상국은 일본으로 이해하고 있다. 그래서 우리나라에서도 일본에 서장관으로 갔던 남용익(南龍翼, 1628-1692)이 『부상록(扶桑錄)』을 남겼다.

일본은 한국과 중국 등과 더불어 뽕나무와 비단으로 유명하다. 일본도 우리나라처럼 비단산업이 쇠퇴하면서 뽕나무 재배가 크게 줄었지만 전통을 유지하기 위해서 꽤 많은 노력을 기울이고 있다. 특히 일본의 전통 의복을 상징하는 기모노(着物)의 원료가 바로 비단이다. 그래서 일본에서는 기모노의 전통을 잃지 않기 위해 정부에서 뽕나무 재배 농가를 지원하고 있다. 임금이 오르내린 건목에 대해서는 『산해경』「해내경(海內經)」에 자세하다.[52]

- 나무가 있는데 푸른빛에 자줏빛 줄기, 검은 꽃에 누런 열매를 맺으며, 이름을 건목이라 한다. 이 나무는 높이가 100길[仞]에 가지가 없다. 위는 아홉 갈래로 꼬불꼬불 구부려져 있고, 아래는 아홉 차례 뒤얽혀 서려 있다. 그 열매는 삼씨와 같고 그 잎은 망목(芒木)과 같다. 이 나무는 태호(大皞: 복희씨)가 하늘을 오르내렸고, 황제(黃帝)가

가꾸고 지켰던 나무이다.

『산해경』의 내용은『회남자』에서 언급한 임금의 실체를 알 수 있다. 나무에 오르내린 임금은 바로 복희와 황제였다. 복희는『회남자』「천문(天文)」에 태호로 등장한다. 복희는 동쪽인 목(木)을 다스리는 황제이다. 『여씨춘추』「맹춘기(孟春紀)」에 주석을 단 고유(高誘)에 따르면, 복희씨는 살아 있을 때 목덕(木德)으로 천하의 왕으로 행세했고, 죽어서는 동방에 제사를 지냈기 때문에 목덕의 천제가 되었다. 도교에서도 복희씨를 동방의 천제라 부른다. 아울러 복희씨는 수인씨(燧人氏)·신농씨(神農氏)와 더불어 삼황(三皇)으로 꼽힌다. 따라서 복희씨는 유소씨 이후의 황제에 해당한다. 황제는『회남자』「천문(天文)」에 중앙인 토(土)를 다스리는 자이다. 황제는 전욱고양(顓頊高陽)·제곡고신(帝嚳高辛)·제요방훈(帝堯放勳:陶唐氏)·제순중화(帝舜重華 : 有虞氏) 등과 함께 오제 중 하나인 황제헌원(黃帝軒轅)이다. 현재 섬서성(陝西省) 황릉현(黃陵縣) 성북(城北) 교산(橋山)에 위치한 황제릉 앞에는 황제가 직접 심었다는 5,000살의 측백나무가 살고 있다.

임금이 건목에 오르내린 사람이 나무를 상징하는 복희씨와 땅을 상징하는 황제라는 점도 흥미롭다. 결국 중국의 조상들이 나무 위에서 살았던 시대는 청동기시대 이전의 일이다. 인간이 나무 위에서 살았다는 신화 속 얘기는 문화인류학에서도 인정하는 내용이다. 인간의 수상(樹上)생활은 인류 발달사에서 아주 자연스러운 현상이다. 따라서 중국 신화 속의 얘기도 역사적인 근거로 삼을 수 있다. 장자와 한비자가 전국시대 사람이었지만, 구석기시대 혹은 신석기시대 사람들의 얘기를 작품 속에 넣은 것은 나름의 역사 인식이다. 유안의 작품에서 보듯이 전국시대 이후 제국의 시대이후에도 전국시대의 역사 인식과 크게 다르지 않았다.

중국인들이 자신의 조상들이 나무 위에서 살았다는 생각은 인류문화사적으로 본격적인 직립 보행 이전과 이후 초기 단계를 반영하고 있을지도 모른다.

직립 보행한 후 인간의 모습은 그 이전과 전혀 다른 삶을 추구할 수 있었을 뿐 아니라 다른 동물과 확연히 다른 삶을 살 수 있었다. 직립 보행은 단순히 곧게 서서 걸어간다는 의미 이상의 의미를 갖고 있다. 유소씨나 복희씨 및 황제 등이 나무를 오르내린 이유는 땅 위에서 살아갈 수 있는 생산 수단을 갖지 못했기 때문이다. 직립 보행의 순간, 인간은 손을 사용하면서 도구를 사용할 수 있었다. 도구의 사용은 인간이 다른 동물과 전혀 다른 차원의 삶을 가능하게 한 결정적인 계기였다. 그래서 인류의 역사는 곧 도구의 역사이다. 역사학자들이 역사의 발전 단계를 도구의 변화로 이해하는 것도 손을 이용한 도구가 역사의 변화를 이끄는데 핵심이기 때문이다. 그런데 인류는 도구를 사용하면서도 주로 오른손을 이용했다. 아직 인류가 오른손을 중심으로 도구를 사용한 이유를 밝히지 못했지만 결과적으로 오른손이 도구를 사용하는 중심이었다는 점에서 인류의 역사는 곧 도구의 역사이자 오른손의 역사라 할 수 있다. 인류의 대부분이 오른손을 중심으로 사용하고 있는 것도 우연이 아니라 진화의 과정에서 생긴 현상이다.

3부

식물 감정가 신농씨

01 탄생과 고향

02 식물 감정과 신농가

03 죽음과 신농본초학

01

탄생과 고향

신농씨 신화는 신화와 식물의 관계를 이해하는 데 아주 중요하다. 왜냐하면 신농씨가 곧 농업과 의약의 시조이기 때문이다. 내가 신농씨에 관심을 가진 이유 중 하나도 식물에 대한 관심 때문이기도 하지만, 지극히 개인적인 관계 때문이기도 하다. 나와 신농씨의 개인적인 관계는 그가 강씨(姜氏)라는 점이다. 신농씨를 강씨라 부르는 이유는 그가 강수(姜水)에서 태어났기 때문이다. 중국 고대사에서 강씨는 아주 중요하다. 중국 주나라의 시조인 후직(后稷)의 어머니도 강원(姜嫄: 姜原)이다. 오제(五帝) 중 한 사람인 제곡(帝嚳)의 부인인 강원은 황야(荒野)에서 거인의 발자국을 밟은 후 임신해서 후직을 낳았다. 감생설(感生說)을 반영하고 있는 후직의 탄생 신화는 후직이 농업의 신이라는 점에서 농업사회의 산물이다.

신농씨와 관련한 정보는 중국의 문헌에서 꽤 다양하게 등장한다. 이는 중국인들이 신농씨를 필요에 따라 활용했다는 뜻이다. 신농씨의 탄생에 대한 기록은 청나라 산동성 제남 출신 마국한(馬國翰, 1794-1857)의 『옥함산방집일서(玉函山房輯佚書)』에서 확인할 수 있다.[53)]

- 소전(少典)의 왕비 안등(安登)이 화양(華陽)에서 노니는데, 상양(常羊)에서 어떤 용머리 모양의 신에게 감응해서 신농을 낳았다. 신농은 사람의 얼굴에 이마에는 용처럼 뿔이 돋았고 농사를 잘 지어 신농이라 이름 했다. 처음 천자가 되었다.

소전은 지금의 하남성 정주시 남쪽 신정(新鄭)에 위치했던 유웅국(有熊國)의 시조이다. 그런데 소전은 황제(黃帝) 헌원씨(軒轅氏)의 아버지이기도 하다. 헌원씨도 그의 어머니께서 큰 번개가 북두(北斗)의 추성(樞星)을 휘감는 것을 보고서 임신하여 낳았다.[54)] 신농씨의 '씨'는 중국의 성씨(姓氏) 제도를 반영하고 있다. 신농씨는 귀족 출신이다.

신농씨와 관련해서 주목할 문헌은 한나라 사마천의 『사기(史記)』「오제본기(五帝本紀)」이다.[55)] 『사기』는 중국에서 가장 이른 시기의 역사문헌이라는 점에서 신농씨의 기록도 가장 신뢰할 만하다. 신농씨는 동쪽으로 세력을 넓히려다가 판천(阪泉)에서 황제와 싸워 패했다. 현재 판천의 위치에 대해서는 산서성, 하남성, 하북성 등 여러 곳이지만, 대체로 하북성 탁록현 동남으로 해석한다. 신농씨는 혼자의 힘으로는 세력을 확장할 수 없다는 것을 알고 황제와 합작하여 치우(蚩尤)를 물리친 후 황하 유역으로 진출해서 세력을 키웠다. 신농씨는 동한(東漢) 왕부(王符)의 『잠부론(潛夫論)』에서는 염제(炎帝)로 등장한다. 염제는 중국 삼황(三皇) 중 한 사람이자 『역경(易經)』의 팔괘(八卦)를 만든 복희씨(伏羲氏)의 뒤를 이어 천하를 다스린 사람이다. 염제는 불을 상징하는 '염'에서 알 수 있듯이, 그가 인류의 삶에서 불이 얼마나 중요한지를 보여준다. 송나라 이방(李昉)의 『태평어람(太平御覽)』에 따르면, 복희씨도 강원이 후직을 낳은 것처럼, 화서(華胥)가 뇌택(雷澤)에 나타난 커다란 발자국을 밟고 탄생했다.

신농씨가 태어난 곳은 호북성 북부 수주시(随州市) 열산(烈山)이다. 수주시는 춘추시대 수국(隨國)이 있던 곳이다. 신농씨를 열산씨(烈山氏)라 부르는 이유도 그가 태어난 곳과 관련이 있기 때문이다. 당나라 두예(杜預)를 비롯한 사람들은 열산씨가 당시 제후에서 천자가 되었다고 해석한다. 신농씨를 천자로 파악한 것은 곧 주나라의 신인 '천'과 관련한 해석이다.

신농씨의 고향 열산에는 그가 사용한 기물(器物)인 석탁(石桌), 석등(石凳),석완(石碗) 등이 있는 신농동(神農洞)이 있으며, 신농정(神農井), 신농댁(神農宅), 신농관(神農觀), 염제묘(炎帝廟) 등이 있다. 염제와 관련한 유적은 이곳 외에도 많이 남아 있다. 이처럼 염제 관련 유적지가 많다는 것은 그만큼 중국인들이 염제 신농씨를 숭상한다는 뜻이다. 더욱 놀라운 것은 전설상의 인물인데도 실존한 인물처럼 각지에 유적지를 갖추고 있다는 사실이다. 중국인들은 신화를 사실로 만드는 놀라운 능력을 갖고 있다. 이점은 우리나라와 무척 다른 점이다. 우리나라에서는 신화 인물을 중국처럼 만드는 사례를 쉽게 찾아볼 수 없다.

02

식물 감정과 신농가

신농씨는 의약, 농구 등 다양한 방면에서 업적을 남겼다. 내가 처음 신농씨에 관심을 가졌던 부분은 농구(農具)였다. 왜냐하면 박사학위논문이 청대의 농업이었기 때문이었다. 중국의 농구를 언급할 때마다 신농씨는 반드시 언급해야 한다. 『역경』「계사(繫辭)」에 따르면, 신농씨가 부드러운 나무[揉木]로 쟁기를 만들었다. 뢰는 갑골문에도 등장할 만큼 중국 농업사에서 중요한 비중을 차지한다. 왜냐하면 쟁기를 이용해서 이전보다 생산력을 높였기 때문이다. 쟁기는 땅을 갈아엎는 과정에서 이전 보다 깊게 할 수 있는 장점을 갖고 있다. 주로 지력으로 농사짓는 단계에서 쟁기는 수확량을 높이는 데 큰 효과를 발휘한다. 서주시대에 이르면 중국에서 쟁기 사용이 광범위하게 이루어진다. 더욱이 전국시대에는 보습, 즉 쟁기 날을 의미하는 '사(耜)'가 등장하면서 중국의 사회경제에 큰 변화가 일어났다. 『맹자』, 『주례』, 『여씨춘추』 등에서 등장하는 쟁기 날은 깊이갈이에 더욱 효과가 있었을 뿐 아니라 전국시대 철제 쟁기 날, 소를 이용한 경작이 이루어지면서 중국은 이전시대에 볼 수 없었던 혁명이 일어났다. 제자백가라는 사상의 등장도 쟁기와 쟁기 날, 그리고 소를 이용한 농사, 즉 우경(牛耕) 덕분이었다. 당나라 육구몽(陸龜蒙)의 『뇌사경(耒耜經)』은 신농씨가 만든 뇌사에 대한 최고의 작품이다. 중국인들은 쟁기 날도 신농씨가 나무를 잘라서 만들었다고 믿는다.[56) 신농씨는 농구만이 아니라 백성들이 씨를 뿌리는 방법까지 일깨워준 사람이다. 신농씨의 농사에 대한 정보는 진시황제의 진나라 때 황제(黃帝)부터 춘추시대 제왕에 이르기까지의 세계(世系)를 다룬 『세본(世本)』에서 신농씨를 사람의 몸에 소의 머리로 형상화한 것과 무관하지 않을 것이다. 『세본』의 신농씨에 대한 묘사는 이마에 용 뿔이 달린 것과 다르다. 용에서 소로 바뀌면서 신농씨는 염제와 같은 인물로 굳어졌다.

현재 서울 동대문구 제기동에 위치한 선농단(先農壇)에서도 신농씨와 후직씨(后稷氏)에게 풍년을 기원했다.[57)] 제사를 올릴 때 신농씨의 위패 놓은 자리, 즉 신좌(神座)는 북쪽에 있기 때문에 남향하며, 후직씨의 신좌는 동쪽에 있기 때문에 서향한다. 신농씨와 후직씨의 신좌를 보면 신농씨의 신좌가 북쪽에 있기 때문에 높다는 것을 알 수 있다. 선농단의 제사는 경칩 뒤 해일(亥日)에 지냈고, 기우제를 지내기도 했다.

내가 신농씨를 농업의 신에서 식물의 감정가로서 바라본 이유는 나무 공부 때문이었다. 신농씨가 식물의 감정가로 소개한 문헌 중 하나는 『회남자(淮南子)』「수무(修務)」이다.[58)]

- 옛날 백성은 풀을 먹고 물을 마시며 과실나무는 열매를 따 먹고 조갯살을 먹었다. 이때 많은 사람들이 병에 걸리고 중독되는 해를 입었다. 이에 신농이 백성에게 오곡 파종하는 법을 가르쳤고, 토지에 어떤 곡식이 적당한지 땅이 건조한지 습한지 비옥한지 메마른지 높은지 낮은지 등을 아는 법을 가르쳤다. 아울러 온갖 풀들은 맛보고 샘물의 달고 씀을 맛보아서 백성이 어떤 것을 피해야할지 어떤 것을 먹어야할지 알게 했

다. 이 때 신농은 하루에 70번 중독되기도 했다.

동진(東晉) 간보(干寶, 286-336)의 『수신기(搜神記)』에 따르면, 신농씨는 풀의 효능을 판별할 때 자편(赭鞭)을 사용했다.[59] 자편은 '붉은 회초리'를 뜻한다. 신농씨가 사용한 회초리의 색깔이 하필 붉은 색일까. 아마도 붉은 색이 신비한 힘을 갖고 있다고 믿었기 때문일 것이다. 붉은 색은 악귀를 물리치는 힘을 갖고 있기도 하지만, 신농씨가 염제라는 사실을 생각하면 관련성을 쉽게 짐작할 수 있다. 화덕(火德)의 염제 신농씨와 자편의 색깔은 묘하게 일치한다. 식물을 구분할 때 독이 있는지 없는지의 여부, 차가운 것인지, 따뜻한 것인지의 여부를 가늠하는 것은 아주 중요하다. 그래서 중국에서 본초학자를 '자편가(赭鞭家)'라 부른다. 중국 본초학을 집대성한 명나라 이시진(李時珍)의 『본초강목(本草綱目)』에서 각 식물마다 독이 있는지 없는지의 여부, 차가운지 따뜻한지의 여부를 기록한 것도 신농씨의 영향이다.

신농가(神農架)는 신농씨가 식물을 감정한 곳이다. 신농가는 현재 호북성 십언(十堰)에 위치하고 있다. 이곳을 신농가라 부르는 이유는 신농씨가 높은 산에 시렁을 만들어 400종의 양약을 얻었기 때문이다. 십언은 현재 세계문화유산으로 지정되어 있는데서 알 수 있듯이 중국의 문화유산을 넘어 세계적인 문화유산이다. 이곳이 세계문화유산으로 지정된 이유는 울창한 숲 때문이다. 이곳의 삼림은 91.1%에 이를 만큼 울창하다. 그런데 십언은 호북성의 진파산(秦巴山) 동부, 한강(漢江) 중상류와 하남 서부, 섬서 남부, 사천 중경 동부 등 호북성, 하남성, 섬서성 등 삼성 교계에 위치한다.

신농씨가 농업을 비롯해서 식물을 감정했다는 얘기는 중국인들이 본격적으로 농업사회에 진입했다는 증거이다. 인구가 증가하면서 고기가 부족하고 백성에게 먹거리를 충분히 제공해야하는 상황이었던 것이다. 그래서 생산력을 증가시키는 농기구를 만들기 시작했고, 먹을 수 있는 식물을 고를 수 있는 지혜가 필요했다. 신화의 인물이 시대에 따라 바뀌는 이유도 그 시대의 경제 변화에 따른 새로운 인물의 창조가 필요했기 때문이다.

신농씨가 도기를 만들었다는 『세본(世本)』의 언급도 농경과 밀접한 관련이 있다. 농사를 지으면 밥을 해 먹어야 하기 때문에 그릇은 필수이다. 그러나 도기를 만든 사람은 신농씨만이 아니라 곤오(昆吾)설도 있다. 아울러 『고사고(古史考)』에서는 황제가 처음 솥과 시루를 만들었다고 적고 있다. 중국의 도기 역사는 아주 길어서 지금부터 1만 년 전부터 등장했다. 지금부터 7000-5000년 전 황하 중류의 앙소문화는 채도(彩陶) 시대였다. 그러나 채도는 밥을 짓는데 적합한 그릇이 아니라 물그릇이나 식기로 사용했다. 특히 취사도구가 등장하느냐의 여부는 음식의 역사에서 아주 중요하다. 특히 도기로 만든 취사도구인 솥과 시루는 중요하다. 솥은 직접 불의 열기를 이용한 반면, 솥의 원리에서 변한 시루는 불을 이용해서 물을 끓여 증기를 만들어 찌는 방법이다.

중국에서 시루는 앙소문화 단계에서 등장하지만, 황하 상류와 용산문화의 황하 하류에서도 시루를 사용한 유적지를 찾아볼 수 없다. 오히려 시루는 양자강 지역에서 일찍 등장했다. 양자강 유역에서는 최소 기원전 3800년경에 시루가 등장했다.[60] 이처럼 시루를 이용한 조리법은 중국과 우리나라 등에서 지금까지 사용하고 있지만 서양에서는 거의 찾아볼 수 없다. 그래서 흔히 동양과 서양의 중요한 조리법을 시루의 사용 여부에서 찾는다.

03

죽음과 신농본초학

신농씨가 어떤 풀을 감정했는지는 알 수 없지만, 중국인들이 신농씨를 식물 감정가로 인식한 것은 식물의 효능에 큰 관심을 가졌다는 증거이다. 중국의 식물 연구가 이른바 본초학을 중심으로 이루어진 것만 봐도 알 수 있다. 본초학은 직접 맛을 보지 않고서는 그 성분을 짐작할 수 없다. 신농씨가 온갖 식물의 맛을 보다가 죽은 것도 그 때문이었다. 흔히 신농씨가 맛을 보다가 죽음에 이르게 한 풀을 '단장초(斷腸草)'라 한다. 그가 이 풀을 먹고 창자가 끊어질 듯 아파했기 때문에 붙인 이름이다. 단장초는 『본초강목』에서 언급한 '구문(鉤吻)'이며,[61] 야갈(野葛), 독근(毒根), 호만초(胡蔓草) 등으로 불리는 독초(毒草)이다. 단장초는 잎사귀 하나만 입에 넣어도 즉사한다고 할 만큼 독성이 강하다. 우리나라 문헌에서도 단장초에 대한 소개가 적지 않다.

신농씨는 단장초를 먹다가 중독되자 차로 해독했다고 하지만, 결국 죽고 말았다. 중국 최초의 차 전문서인 당나라 육우(陸羽)의 『다경(茶經)』「육지음(六之

飮)』, 즉 차를 마시는 항목 첫 머리에 신농씨를 언급했을 뿐 아니라 차와 관련한 인물을 소개한 「칠지사(七之事)」에서도 첫 머리에 신농씨를 언급했다. 신농씨가 죽자 사람들은 그를 다릉(茶陵)에 장사지냈다. 신농씨가 묻힌 곳이 다릉이라는 사실이 무척 흥미롭다. 현재 호남성 동부 주주시(株洲市)에 위치한 다릉은 한나라 무제 때 처음 현으로 설치되었다. 다릉은 다산(茶山)의 북쪽에 위치한다. 특히 다릉은 공산당의 성지인 6개 정강산(井岡山) 혁명 근거지 중 하나이기도 하다.

신농씨의 업적은 이루 말할 수 없지만, 딸이 뽕나무에서 태어난 것도 빼놓을 수 없다. 염제 신농씨의 딸은 여와씨(女媧氏)이다. 그런데 여와씨는 복희씨(伏羲氏)·신농씨(神農氏)와 더불어 삼황(三皇) 중 한 사람이지만, 『산해경·산경·북차삼경』과 『산해경·산경·중차십일경(中次十一經)』에서도 염제의 딸로 등장한다.[62)]

- 다시 동쪽으로 55리를 가면 선산(宣山)이다. 선산은 윤수(淪水)가 여기서 흘러나와 동남쪽으로 시수(視水)에 들어가는 데 그 속에는 교룡이 많다. 산 위에서 자라는 어떤 뽕나무 중 큰 것은 50척이다. 이 뽕나무의 가지는 엇갈려 사방으로 나오고 잎의 크기는 한 자 남짓하다. 나뭇결은 붉고 노란 꽃에 푸른 꽃받침이 있다. 이 뽕나무를 제녀상이라 한다.

『태평어람』권921에는 제녀상이 남방 적제(赤帝)의 딸로 등장한다. 그녀는 도술을 배워 신선이 된 후 남양(南陽) 악산(崿山)의 뽕나무 위에서 살았다. 그녀는 아버지 적제가 뽕나무를 불살라버리자 곧 승천했다. 그래서 제녀상이라 불렀다.

신농씨가 죽은 후 그가 남긴 또 다른 업적은 본초학이다. 본초학 중에서 그의 이름을 딴 것이 바로 『신농본초경(神農本草經)』이다. 남조(南朝) 양(梁)나라 완효서(阮孝緖)가 365종의 약재를 수록한 『신농본초경(神農本草經)』, 양나라 도홍경(陶弘景)이 다시 365종을 보탠 『명의별록(名醫別錄)』,[63)] 당(唐)나라 소공(蘇恭) 장손

무기(長孫無忌) 등이 수정한『본초(本草)』, 여기에 다시 114종을 덧붙인『당초본(唐抄本)』, 송(宋)나라 인종(仁宗) 가우(嘉祐 1056~1063) 연간에 장우석(掌禹錫) 등이 82종을 더 포함시킨『가우보주본초(嘉禹補注本草)』, 송 휘종 정화(政和) 연간에 조효충(曹孝忠) 등이 수정한『정화중수경사증류본초(政和重修經史證類本草)』등이 있었다. 명나라 이시진의『본초강목』은 이상의 본초학을 집대성한 것이다. 우리나라에서도 조선 태종 때『신농본초도(神農本草圖)』에 대한 언급이 있지만, 그 내용을 알 수 없다.『신농본초도』는 그림을 수록한 작품이기 때문에 본초를 이해하는데 아주 유용했을 것이다.

4부

나무와 인물

강원도 정선 봉양리 뽕나무 천연기념물

01

뽕나무의 탄생 신화

나무의 탄생 신화는 대부분 슬프다. 우리나라에도 나무 탄생 신화가 적지 않다. 그 중에서도 가장 슬픈 얘기는 시아버지 제삿날 쌀밥을 하다가 시어머니에게 구박받아 죽은 며느리의 무덤에서 탄생한 물푸레나뭇과 갈잎큰키나무 이팝나무이다. 새를 사랑하다가 죽은 인도 공주의 무덤에서 탄생한 물푸레나뭇과 갈잎떨기나무 개나리도 슬프긴 마찬가지다, 신라가 망하자 금강산으로 가던 마의태자가 꽂은 지팡이에서 태어난 경기도 양평군 용문사의 천연기념물 은행나무도 슬픔을 가누지 못할 만큼 아픈 사연이다. 『수신기』에 소개한 뽕나무의 탄생 신화는 중국을 대표하는 나무 신화이다.[64]

- 태고 적에 어떤 사람이 멀리 정벌 길에 나섰는데 집에는 여자 아이 한 명과 말 1마리가 있었다. 여자 아이는 아버지를 그리워서 말에게 장난말로 "나를 위해 아버지를 맞아 모시고 오면 너에게 시집을 가겠다"고 했다. 말이 이 말을 듣자마자 고삐를 풀고

여자 아이의 아버지가 있는 곳으로 달려갔다. 아버지는 자신이 기르는 말을 보자 집 안에 사고가 난 줄 알고 말을 타고 집으로 돌아왔다. 말은 여자 아이가 약속을 지키지 않자 그 여자 아이를 보고 분노했다. 아버지는 말의 행동이 이상해서 딸에게 그 동안 무슨 일이 있었는지 물었다. 딸은 아버지에게 자신이 말과 약속한 얘기를 했다. 아버지는 딸의 얘기를 듣고 화를 참지 못하고 말을 죽여 가죽을 벗겨 정원에 널어 말렸다. 여자 아이는 말가죽 앞으로 가서 발로 걷어차며 "말이 사람을 아내로 삼고자 해서 스스로 잡혀 가죽이 벗겨졌으니 어찌하겠는가?"라고 말했다. 그런데 여자 아이의 말이 끝나자마자 가죽은 기운을 치밀어 올리며 여자 아이를 둘둘 말아서 도망갔다. 뒤에 큰 나무가 가지 사이로 여자 아이와 가죽을 잡아 누에로 변신시켰고, 나무 위에 고치를 지었다. 세속에서는 누에를 여자 아이라 여겼다. 이와 관련해서 이 나무를 뽕나무라 불렀으며, 뽕나무'상(桑)'과 잃을 '상(喪)'사이에는 읽히는 음이 같다.

신화에 등장하는 여자와 말, 뽕나무와 누에는 밀접한 관계가 있다. 뽕나무 신화에서 여자가 등장하는 이유는 전통적으로 잠상(蠶桑)이 여자의 몫이었기 때문이다. 말이 등장하는 이유는 누에머리와 말 머리가 닮아서 누에와 말이 같은 기운을 타고난 동기설(同氣說) 때문이다. 누에와 말의 동기설은 중국 전국시대 순자의 『순자(荀子)·부(賦)』 중 '잠'에서 누에를 "그 몸이 여자 살결처럼 부드럽고 말의 목을 닮았다"라는 데서 확인할 수 있다. 중국에서 잠신(蠶神)을 '잠고(蠶姑)'라 부르는 것도 여자와 관련 있다. 뽕나무가 등장하는 이유는 누에가 뽕잎을 먹기 때문이다. 누에의 머리와 말 머리가 닮았는지의 여부는 보는 사람에 따라 다르지만 그렇게 생각하면 무척 닮았다. 누에를 키우지 않으면 누에의 얼굴을 자세히 볼 기회가 없지만, 경북 영천시 고경면에 설치한 누에 모형을 자세히 보면 누에의 얼굴이 말의 머리를 닮았다는 것을 알 수 있다.

뽕나무 탄생 신화는 '마두랑(馬頭娘)'의 얘기와 같다. 누에를 한자로 '잠(蠶)'·'천충(天蟲)'·'마두랑(馬頭娘)'이라 부른다. 전통시대 중국의 잠상 농가에서 말가죽을 누에 곁에 두고 제사지내는 풍속도 뽕나무의 탄생 신화를 계승한 것이다. 그들은 누에치는 방에 말가죽을 걸어두면 누에가 잘 된다고 믿었다.

우리나라에서도 중국의 영향을 받아 잠신을 모셨다. 서울 성북구의 선잠단(先蠶壇)은 잠신이 조선왕조의 중요한 행사였다는 증거이다. 선잠단은 국왕이 관장하는 선농단과 달리 왕비가 주관한다. 그 이유는 양잠은 곧 여자의 몫이기 때문이었다. 조선시대 국당(菊堂) 박흥생(朴興生, 1374-1446)의 『촬요신서(撮要新書)·치잠법(治蠶法撮)』에 잠신에 대한 내용을 만날 수 있다.[65]

- 정월 오(午)일 원유부인(苑窳夫人)이라 써서 붙인다[우씨(寓氏)의 공주로 먼저 누에를 기른 신이다. 지방은 나무판이나 종이에 쓰되 정남방에 안치하고 제상 앞에는 술, 밥, 과실, 떡 등을 갖추고 잠부(蠶婦)는 밝은 마음으로 기도한다. 누에치는 달에 이르러 초하루와 보름에 제사를 지내되 술을 쓰지 말고 차나 탕으로 대신한다].

마두랑은 우리나라의 문인들도 흔하게 사용했다. 『속동문선(續東文選)』에 소개한 유호인(兪好仁)의 작품에서도 마두랑을 만날 수 있다.[66]

- 누에 백 잠박을 치느라고 / 蠶絲一百箔
  곳곳 숲 사이에서 소리지르네 / 處處呼林端
  누에가 벌써 석 잠 잤으니 / 蠕蠕已三眠
  뽕나무 여린 가지 다 베어왔네 / 伐盡柔條殘
  마두랑에게 고사 드리고 / 共賽馬頭娘
  제발 빈둥거리며 놀지 마세 / 愼勿學遊盤
  물레질로 여인의 일을 애써 해야지 / 繅車勉女工
  겨울 당하여 옷 없으면 그 어찌할꼬 / 卒歲衣裳單

한말 김윤식(金允植, 1835-1922)의 『운양집(雲養集)』 중 일본의 이와타(巖田)에게 준 시에서도 마두랑을 확인할 수 있다.[67] 김윤식이 이와타에게 시를 준 이유는 그가 잠업에 힘쓰며 우리나라에도 잠업을 권했기 때문이다.

「이와타 지로 기사에게 써서 주다/書贈巖田次郞技師」

선왕들은 담장 가에 뽕나무 심어 경제 일으켰거니 / 先王經濟樹墻桑
특별한 공 이루는 건 지도하고 고무함에 달렸네 / 發展奇功在導揚
천만 명 백성들에게 옷을 입히려고 / 衣被生民千萬口
집집마다 마두낭 길러 낸다네 / 家家養得馬頭娘

경북 상주시 온척면 뽕나무 천연기념물

02

뽕나무 숲에서 태어난 이윤

중국사에서 뽕나무는 거의 절대적인 비중을 차지할 만큼 중요하다. 중국인이 뽕나무를 얼마나 소중하게 여기는지를 확인하는 것은 아주 쉽지만, 지금까지도 그것을 보여주는 대표적인 사례는 달 탐사 위성 창어(嫦娥)를 통해 달 뒤 표면에 씨앗과 더불어 누에를 가져놓은 것을 들 수 있다. 중국이 달을 탐사하면서 누에를 가져간 이유는 그만큼 중국을 상징하는 것이 누에로 만든 비단이기 때문이다. 달 뒷면은 사람이 볼 수 없다. 게다가 지금까지 달 탐사에서 뒷면에 착륙한 경우는 중국이 처음이었다. 중국이 이 같은 역사적인 현장에 누에를 가져간 이유는 그만큼 누에가 중국사에서 큰 의미가 있기 때문이다.

달의 뒷면에 착륙하는 것은 아주 어렵다. 왜냐하면 교신 자체가 불가능하기 때문이다. 그래서 중국은 달 뒷면에 착륙하기 전에 먼저 교신에 필요한 오작교(烏鵲橋)를 만들었다. 오작교는 해마다 음력 7월 7일 밤이면 견우성(牽牛星)과 직녀성(織女星)이 오작교(烏鵲橋)에서 서로 한 번씩 만난다는 전설에서 온 말이다. 견우성의 '견우'는 소를 끄는 것이고, 직녀의 '직녀'는 비단을 짜는 여자이다. 소는 남자요, 비단은 여자이다. 견우와 직녀는 '남경여직(男耕女織)'의 전형을 보여주는 신화이다. 중국이 달 뒷면 착륙에 사용한 교신의 명칭을 오작교로 삼은 것도 누에와 밀접한 관련이 있다. 뽕나무와 누에와 비단은 한 몸이기 때문이다.

중국의 달 탐사 위성의 명칭인 창어, 즉 상아도 중국 신화속의 이름이다. 항아(姮娥)·상희(常羲)라 부르는 항아는 『산해경(山海經)·대황서경(大荒西經)』에 의하면, 제준(帝俊)의 아내인 상희가 12개의 달을 낳아 여기에서 처음으로 그것을 씻었다.[68] 『회남자(淮南子)·남명(覽冥)』에 따르면, 항아는 예((羿)가 서왕모(西王母)에게 구한 불사약을 훔쳐 달로 달아났다.[69] 『회남자』에서는 항아가 예에게 훔친 불사약을 강조하려는 것이 아니라 예가 불사약을 지니지 못한 이유를 설명하기 위해서였다. 예는 항아에게 불사약을 빼앗긴 뒤 결국 불사약을 얻지 못했다. 왜냐하면 예는 불사약이 어떻게 만들어지는지를 몰랐기 때문이다. 그래서 『회남자』의 저자는 예의 경우를 통해 "남에게 불을 얻는 것보다 부싯돌을 구하는 것이 낫고, 남에게 물을 얻는 것보다 스스로 우물을 파는 것이 낫다"[70]고 했다. 달로 달아난 항아는 두꺼비가 되었다는 설도 있지만 우리나라 사람들에게 익숙한 것은 토끼이다. 상아 신화는 토끼에서 끝나지 않고 달 속의 계수나무, 토끼가 떡방아를 찧는 얘기로 발전했다. 나는 상하의 신화를 어린 시절 윤극영(尹克榮, 1903~1988)의 '반달'을 통해 처음 접했다.

- 푸른 하늘 은하수 하얀 쪽배엔
  계수나무 한 나무 토끼 한 마리
  돛대도 아니 달고 삿대도 없이
  가기도 잘도 간다 서쪽나라로

뽕나무의 중요성은 한나라 반고(班固)의 『백호통의(白虎通義)』에서도 확인할 수 있다. 남자가 태어나면 뽕나무 활로 쑥대 살을 사방으로 6발 쏜다. 왜냐하면 남자가 품어야 할 일이기 때문이다. 이는 먼저 그 일을 표방한 다음에 그것에 맞는 봉록을 누린다는 뜻이다. 반드시 뽕나무로 하는 이유는 뽕나무가 서로 만나 사귀는 도를 상징하기 때문이다.[71]

상나라 출신 이윤(伊尹)이 뽕나무 숲에서 태어난 신화도 뽕나무의 가치를 이해하는데 충분하다. 그는 상나라 때 재상을 지낸 사람이다. 이윤이 뽕나무 숲에서 탄생한 얘기는 『여씨춘추(呂氏春秋)·효행람(孝行覽)·본미(本味)』에서 언급하고 있다.[72]

- 유신씨(有侁氏) 족속의 어떤 여자가 뽕잎을 따다가 뽕나무 숲 그늘 속에서 갓난아기를 얻어 주인에게 바쳤다. 주인이 요리사에게 명하여 아기를 양육하게 하고, 아기를 버린 이유를 알아보았더니 다음과 같았다. "아기의 어미는 이수(伊水)가에 살았는데 잉태를 하자 꿈에 어떤 신이 그녀에게 말하길, '절구에서 물이 나오면 동쪽으로 달아나되 절대 돌아보지 말거라'라고 했다. 다음 날 절구에서 물이 나오는 것을 보자, 이웃 사람들에게 알리고 동쪽으로 십 리를 달아났다. 그리고 마을을 돌아보았더니 마을이 온통 물이었는데, 돌아본 까닭에 그녀의 몸은 뽕나무 숲으로 변해버렸다." 그래서 이 아이를 이윤이라 이름 지었으니, 이는 이윤이 뽕나무 숲 그늘에서 태어났기 때문이다.

'뽕나무 숲'을 의미하는 공상은 이윤이 태어난 곳이기도 하지만, 사마천(司馬遷)의 『사기·공자세가(孔子世家)』에 따르면, 공자가 태어난 곳도 공상이었다. 따라서 공상은 뽕나무 숲을 의미하면서 지명이기도 하다. 『산해경·동산경(東山經)·동차이경(東次二經)』의 첫머리도 공상산(空桑山)을 소개하고 있다. 공상은 북쪽으로 식수(食水)에 임하고, 동쪽으로 저오(沮吳)가, 남쪽으로 사릉(沙陵)이, 서쪽으로 민택(湣澤)이 보인다. 『산해경·북산경(北山經)·북차삼경(北次三經)』에 따르면, 이곳에는 초목이 자라지 않고 겨울과 여름에 눈이 있다. 『회남자·본경(本經)』에 따르면 순임금 때 공공(共工)이 홍수를 일으켜 공상까지 물이 밀려왔다. 공상은 공자가 태어난 노나라의 지명이며, 노나라 서쪽 예동(豫東) 지역이다. 공상 지역은 공자와 이윤은 물론 삼황 중 한 사람인 헌원씨, 오제 중 한 사람인 전욱(顓頊)이 태어난 곳이다. 『회남자·천문(天文)』에 따르면, 전욱은 공공과 제위를 놓고 다툰 인물이기도 하다.

이윤이 공상에서 태어난 얘기는 여러 가지 추측을 낳는다. 우선 공상을 의미하는 뽕나무 상(桑)은 이윤이 살았던 상나라 때 갑골문자에 등장할 만큼 중요한 나무였다. 아울러 상나라 때는 누에를 의미하는 잠(蠶), 누에가 뽑을 실, 즉 비단을 의미하는 사(絲) 등이 갑골문자에 등장한다. 상나라 때 비단은 귀족만이 사용할 수 있을 만큼 귀한 물건이었다. 비단은 상나라 때문이 아니라 청대까지도 귀했다. 북위 때는 국가에서 비단을 생산하는데 필요한 상전(桑田)을 부과하는 균전제를 실시했다. 이윤이 뽕나무와 관련한 신화의 주인공이라는 것은 그만큼 그의 지위가 높다는 뜻이다. 이윤의 '이'도 갑골문에 등장할 뿐 아니라 '다스린다'는 뜻이다. 이윤의 '이'는 지금의 하남성 낙양의 낙수(洛水)의 지류인 이수(伊水)에서 태어났다는 뜻이다. 이윤이 태어난 곳은 주자의 스승이었던 정이(程頤), 즉 정이천(程伊川)의 고향이기도 하다. 이윤의 '윤'은 갑골문에서 권력자를 상징하는 단어이다. 따라서 이윤은 탄생 신화부터 이름까지 상나라의 고위층이었다는 것을 암시하고 있다.

맹자는 『맹자·만장하(萬章下)』에서 이윤은 백이·유하혜·공자 등과 더불어 중국 고대의 성인 중 한 사람으로 평가했다.[73]

- 백이(伯夷)는 성인의 청(淸)한 사람이요, 이윤은 성인의 자임(自任)한 자요, 유하혜(柳下惠)는 성인의 화(和)한 자요, 공자는 성인의 시중(時中)인 자이다.

맹자가 이윤을 성인의 반열에 놓은 것만으로도 그가 어떤 사람인지 충분히 짐작할 수 있다. 맹자가 이윤을 '자임'으로 평가한 이유는 직접 구체적으로 설명하지 않아서 알 수 없지만, 장자(張子), 즉 장재(張載, 1020-1077)의 해석에 따르면, 천하를 자신의 책임으로 여긴다는 뜻이다. 그런데 혹자가 이윤의 출처(出處), 즉 벼슬에 나아가고 그만두는 것이 공자와 다를 바 없는데 왜 공자처럼 성인의 시중으로 평가하지 않느냐고 의심했다. 혹자가 이윤을 공자와 같이 평가하지 않은 점을 이상하게 여긴 배경은『맹자·공손추상(公孫丑上)』에서 확인할 수 있다.[74]

- 어느 분을 섬긴들 내 군주가 아니며, 어느 사람을 부린들 내 백성이 아니겠는가 하여 다스려져도 나아가고 혼란해도 나아감은 이윤이었고, 벼슬할만하면 벼슬하고 그만둘 만하면 그만두며, 오래 머무를 만하면 오래 머물고 빨리 떠날 만하면 빨리 떠남은 공자이다.

이윤과 공자의 출처가 비슷한 듯하지만, 정이천은 두 사람의 차이를 '자임'에서 찾았다. 이윤은 어떤 경우라도 나아가서 문제를 해결하고자 했으나 공자는 때에 맞게 행동했다. 이윤의 자임 태도는 그가 재상의 자리에 오를 수 있는 중요한 자산이었다. 이윤이 탕왕의 눈에 띌 수 있었던 까닭은 신화의 내용에서 보듯이 요리 때문이었다. 이윤은 어머니가 자신을 낳고 돌아가셨기 때문에 요리사에게 양육되었다. 이윤은 요리사 덕분에 훌륭한 청년으로 성장했다. 이윤의 능력이 널리 알려지자, 상나라의 탕왕은 이윤을 발탁하기 위해 사람을 보냈다. 그러나 유신국의 임금은 이윤을 보낼 생각이 전혀 없었지만, 이윤은 탕왕의 태도에 감동해서 가고 싶었다.

이윤의 속마음을 알아차린 탕왕은 그를 상나라로 오도록 만들기 위해 유신국에 청혼하는 계책을 세웠다. 탕왕의 계책대로 유신국의 왕은 자신의 딸을 탕왕에게 시집보내면서 이윤을 몸종으로 보냈다. 탕왕은 이윤을 위해 온갖 정성을 다한 후 그를 만났다. 이윤은 탕왕을 만나 자신의 장기인 음식에 대해 얘기하기 시작했다. 탕왕은 곧 이윤의 말에 빠져들었다. 이윤은 음식을 말하면서 정치를 얘기했다. 다양한 음식 맛과 사람마다 다른 입맛이 곧 정치의 요체라는 이윤의 음식 철학에 탕왕은 감동하지 않을 수 없었다.

이윤은 실제 요리도 잘 했다. 그래서 사람들은 이윤이 요리를 바쳐 탕왕에게 등용되었다고 믿었다. 이러한 내용은 이윤이 탕왕을 훌륭한 임금으로 만들려 했으나 방법이 없자 솥과 도마를 지고 맛있는 음식으로 탕왕을 설득하여 왕도에 이르게 했다는 사마천의 『사기』의 내용과 거의 일치한다. 주자는 전국시대에 이윤이 요리를 바쳐 탕왕에게 등용되었다는 얘기가 돌고 있었다는 사실을 인정했다. 그러나 맹자는 제나라 출신 제자 만장(萬章)의 물음에 사실과 다르다고 대답했다. 오히려 맹자는 유신국에서 밭을 갈면서 요순의 도를 즐긴 사람이기 때문에 그 의와 도가 아니면 천하를 주더라도 가지 않는 사람으로 평가했다. 아울러 맹자는 탕 임금이 세 번이나 폐백을 가지고 가서 이윤을 초빙한 사실을 강조했다. 그래서 맹자는 『맹자·공손추하(公孫丑下)』에서 "탕임금은 이윤에게 배운 뒤에 그를 신하로 삼아서 수고롭지 않고 왕노릇할 수 있었다. 탕임금도 함부로 대하지 못했다. 이런 신하가 있어야만 군주가 큰 일을 할 수 있다."고 했다.

맹자는 이윤이 취업하기 위해 자신의 뜻을 굽히지 않은 점을 강조하고 있다. 이윤은 탕왕의 삼고초려에 감동해서 상나라의 재상에 올랐다. 그런데 이윤이 상나라의 재상이 된 이후의 업적에 대해서는 거의 관심을 갖지 않지만, 그가 재상에 임명된 것이 사실이라면 어떤 능력을 발휘했는지를 살펴야 진정 그 사람을 제대로 평가할 수 있다. 그러나 중국의 소위 성현이라는 사람을 평가할 때의 기준은 대부분 '태도'에 불과하다. 사람을 '태도' 중심으로 평가하는 관행은 도덕을 중심했던 유가의 영향이지만, 유가의 기준은 사람을 평가하는 하나의 기준일 뿐 절대적인 기준일 수 없다. 따라서 유가의 평가처럼 사람을 도덕으로 평가하는 추상적인 방법만이 아니라 구체적인 행동을 평가하는 실용적인 방법도 함께 사용해야 한다.

이윤의 업적은 짐작컨대 개혁일 수밖에 없다. 왜냐하면 당시 상나라가 안고 있던 문제를 해결하기 위해서는 개혁뿐이었기 때문이다. 탕왕 당시의 상나라는 하나라와 절체절명의 상황이었다. 탕왕은 당시 하나라 걸왕의 신하에 불과했다. 탕왕이라는 명칭도 나중에 붙인 것이다. 탕왕은 '자'를 사용한 명칭이고 이름은 '리(履)' 혹은 '천을(天乙)'과 '태을(太乙)'이었다. 상나라는 아직 왕의 시호(諡號) 제도가 없었다. 그래서 은나라의 왕은 간지(干支)로 표시했다. 그러나 하나라 걸왕이 폭정한 탓에 하나라의 제후들이 탕을 옹립했다. 탕왕은 하나라 제후들의 지지를 받아 걸왕이 폭정한다는 명분으로 그를 토벌하기로 결심했다. 이런 상황에서 절실하게 필요한 자가 이윤이었다. 그래서 탕왕은 이윤과 함께 지금의 산서성 달성시(達城市) 하현(夏縣) 서쪽(혹은 지금의 하남성 낙양시 부근) 명조(鳴條)에서 걸왕을 죽이고 상나라를 세웠다. 『상서(尙書)·상서(商書)·탕서(湯誓)』가 바로 탕왕과 관련한 내용으로 알려져 있다. 탕왕은 성탕(成湯)이라 부르기도 한다. 그런데 탕왕이 세운 상나라를 흔히 은나라라 부른다. 이는 사마천이 『사기·은본기(殷本紀)』에서 상 대신 은을 사용했기 때문이다. 사마천이 왜 상 대신 은이라 표기했는지 알 수 없지만, 보통 상나라의 마지막 수도가 지금의 하남성 안양시 소둔촌 은허(殷墟)라서 사용한 것으로 이해한다.

재상에 임명된 이윤이 한 일은 토지개혁이었다. 왕조 차원에서 토지를 개혁하는 목적은 크게 두 가지이다. 하나는 왕권 강화에 걸림돌인 지배자들의 권력 기반을 약화시키기 위해서이고, 다른 하나는 생산력을 증가시키기 위해서이다. 물론 두 가지는 서로 맞물려 있기 때문에 완벽하게 구분할 수 없지만, 때론 분리해서 설명하는 것이 편리하다. 이윤의 토지개혁은 후자에 속한다. 이윤이 실시한 토지개혁은 구전법(區田法)이었다. 구전법은 복잡한 셈법을 동원해야 이해할 수 있는 농법이지만 간단히 말하면 휴경농법이다. 휴경농법은 시비법이 발달하지 않은 단계에서 실시하는 고대와 중세의 농법이다. 대신 경작지가 많아야 이러한 농법을 실시할 수 있다. 인구는 적고 땅이 많은 상나라에서는 실시할 수 있었던 농법이지만, 그 이전에는 이러한 방법조차 몰랐다. 이윤의 구전법은 중국 청대에서도 실시했을 만큼 중국 농업사에서 중요한 제도였다. 한나라 조과(趙過)가 제안한 대전법(代田法)은 바로 이윤의 구전법을 계승한 것이었다. 우리나라에서도 1444년 세종이 반포한 '권농교문(勸農教文)'에 이윤의 구전법과 조과의 대전법을 인용하고 있지만, 실제 실행한 사례는 찾아볼 수 없다.

이윤이 실시한 구전법이 이전보다 생산력을 얼마나 향상시켰는지를 알 수 있는 자료는 없다. 한 가지 분명한 것은 생산력이 아주 낮았던 상나라의 상황을 고려하면 분명 상당한 효과를 거두었을 것이다. 왜냐하면 구전법은 비료를 사용하지 않고 같은 곳에 농사짓는 것보다 사용하지 않는 지력을 충분히 이용할 수 있는 장점을 갖고 있다는 점에서 특별한 경우가 아니면 생산력을 충분히 높일 수 있기 때문이다.

대구시 달서구 계명대학교 성서캠퍼스 복사나무

03

서왕모의 복숭아를 훔친 삼천갑자 동방삭

어느 해 서악동(西岳洞)에 위치한 신라시대 왕릉을 촬영하러갔다가 선도산(仙桃山) 자락의 진흥왕릉을 비롯한 신라시대의 여러 왕릉을 보았다. 왕릉을 촬영한 후 곰솔 그늘에 앉아 선도산을 바라보니, 불현듯 중국 한나라 때 동방삭에게 복숭아를 빼앗긴 서왕모(西王母)가 떠올랐다. 우리나라의 사찰과 산 이름 중에는 중국의 영향을 받은 사례가 적지 않다. 그래서 중국사를 전공하다보니 자연스럽게 우리나라의 지명을 중국 지명과 비교하는 버릇을 버릴 수가 없다.

선도산은 해발 400미터 남짓한 높이지만 경주에서는 일찍부터 성스러운 산으로 여겼다. 특히 신라인들은 선도산을 서방정토의 산이라 생각했다. 선도산은 지금도 '서악'의 지명이 남아 있듯이 서쪽을 상징하는 곳이라서 서방정토라 생각했다. 선도산 정상 부근의 '서악동 마애여래삼존불상'(보물 제62호)은 이곳이 서방정토의 성스러운 장소라는 것을 증명하는 유적이다. 더욱이 마애여래삼존불상 옆의 성모사(聖母祠)는 '성스러운 여신'을 모시는 곳이다. 성모사의 '성모'는 과연 누구일까.

기독교인들은 '성모'를 생각하면 예수의 어머니 '성모 마리아'를 떠올릴 것이다. 대구 중구의 '성모당(聖母堂)'은 마리아를 모시는 곳이다. 그런데 선도산의 성모사는 불교와 관련한 곳이니까 성모는 다른 인물이다. 1530년(중종 25년) 이행(李荇)·홍언필(洪彦弼) 등이 편찬한 인문지리서인 『신증동국여지승람(新增東國輿地勝覽)』에는 다음과 같이 적고 있다.[75]

> 성모(聖母)는 본래 중국 황실(皇室)의 여자 사소(娑蘇)이다. 일찍이 신선술을 배워 해동(海東)에 와서 머무르며 오래도록 돌아가지 않고 드디어 신(神)이 되었다. 속설에 신라의 시조 혁거세는 곧 성모가 낳은 자라 한다. 그래서 중국 사람이 지은 찬(讚)에 "선도성모(仙桃聖母)가 어진 이를 잉태하여 나라를 창건했다"라는 말이 있다.

『신증동국여지승람』의 내용은 조선후기 실학자 이규경(李圭景, 1788-1856)의 『오주연문장전산고(五洲衍文長箋散稿)』에도 그대로 실렸다. 중국 황실의 여자가 우리나라에 와서 신선이 되고 박혁거세를 낳았다는 얘기는 황당하지만, 신성한 인물을 기대하면 충분히 가능한 얘기이다.

선도산의 이미지를 중국으로 옮기면 '선도(仙桃)'에 생각이 멈춘다. '선도'의 '선'은 '신선'이고, '도'는 장미과 갈잎떨기나무 복사나무이다. 신선과 복사나무의 얘기는 서왕모(西王母)와 한나라 무제, 그리고 무제 때의 동방삭과 관련되어 있다. 중국에서 서왕모에 대한 이미지는 이중적이다. 하나는 괴인(怪人)이고, 다른 하나는 선인(仙人)이다. 괴인의 이미지는 『산해경·해경(海經)·대황서경(大荒西經)』에서 확인할 수 있다.[76]

> 서해의 남쪽, 유사(流沙)의 언저리, 적수(赤水)의 뒤편, 흑수(黑水)의 앞쪽에 곤륜구(昆侖丘)라는 큰 산이 있다. 산 아래에는 약수연(弱水淵)이 둘러싸고 있으며 그 바깥

에는 염화산(炎火山)있어서 물건을 던지면 모두 타버린다. …어떤 사람이 머리꾸미개를 꽂고 호랑이 이빨에 표범의 꼬리를 하고 동굴에 사는 데, 서왕모라 한다.

서왕모를 선인(仙人)으로 이해한 기록은 육조시대의 작품인 『한무고사(漢武故事)』와 『한무제내전(漢武帝內傳)』이다. 『한무제내전』에는 선인으로서의 서왕모에 대한 내용이 아주 자세하다.[77)]

- 왕모는 전(殿)에 올라 동쪽을 향해 앉았다. 황금색 저고리는 무늬가 아름답고 선명했으며, 빛나는 자태는 아름답고 위엄이 있으며, 영비(靈飛)의 큰 끈을 차고 허리에는 분경(分景)의 검을 차고, 머리에는 태화(太華)의 상투를 틀었고, 태진신계(太眞晨髻)의 관을 썼으며, 검은 옥으로 장식하고 봉황 무늬가 그려진 신을 신고 있었다. … 왕모는 다시 시녀에게 복숭아를 가져오게 했다. 잠시 후 시녀가 옥쟁반에 크기가 오리 알만하고 둥글고 푸른빛이 도는 선도(仙桃) 일곱 개를 가득 담아 왕모에게 올렸다. 왕모가 네 개를 황제에게 주고, 세 개를 자신이 먹었다. 맛아 달아 입 안 가득 달콤함 맛이 퍼졌다. 황제는 하나씩 먹을 때마다 씨를 챙겨두었다. 왕모가 그 까닭을 묻자, 황제가 "이 씨앗을 심으려 합니다"라고 답했다. 이에 왕모가 "이 복숭아는 3000년에 한 번 열매를 맺고 중국은 땅이 메말라 심어도 살지 못한다"고 답했다. 이에 황제는 씨 챙기길 그만 두었다.

서왕모와 한나라 무제 간의 대화 내용은 서왕모가 괴상한 인물에서 아주 아름답고 인자한 모습을 보여주고 있다. 그런데 서왕모와 무제의 대화 내용은 진(晉) 『박물지·사보(史補)』의 내용과 조금 다르다. 주목할 것은 복숭아의 개수는 7개로 같지만 두 사람이 먹은 복숭아의 수가 다르다는 점이다. 즉 『한무제내전』에서는 서왕모가 7개 중 3개를 먹고 무제가 4개를 먹었다고 기록하고 있으나, 『박물지』에서는 서왕모가 2개를 먹고 무제가 5개를 먹었다고 적고 있다. 또 다른 점은 복숭아의 크기이다. 『한무제내전』에서는 복숭아의 크기를 오리 알에 비유했으나, 『박물지』에서는 탄환에 비유했다. 아울러 『박물지』에는 복숭아를 담은 쟁반과 복숭아 색깔에 대해서는 언급하지 않았다.

서왕모와 신선술의 내용에서 왜 복숭아가 등장할까. 신선의 장수에 복숭아는 어떤 관계가 있을까. 복숭아가 장수의 상징으로 등장하려면 복사나무에 대한 인식이 매우 중요하다. 복사나무를 의미하는 한자 '도(桃)'는 진(秦)나라 때의 전문(篆文)이다. '도'의 뜻은 '조(兆)'에 대한 해석에 따라 두 가지로 나눌 수 있다. 하나는 '조'를 점 칠 때 나타나는 갈라진 모양으로 해석할 경우 복사나무의 열매를 뜻한다. '조'는 갑골문에서 거북 껍질이나 짐승의 뼈에 불로 금을 가게 한 것과 같다. 실제 복숭아의 씨앗은 둘로 쪼개진다. 다른 하나는 『시경·주남(周南)·도요(桃夭)』의 주자 주석(注釋)과 명나라 이시진의 『본초강목』에서 보듯이, "일찍 꽃이 피고 심기 쉬우며, 열매가 많기 때문에 글자는 목과 조를 따른다. 십억을 조라고 하는 데 그것은 많다는 뜻이다."[78] 아울러 복사나무는 일찍부터 신선의 과일[仙果]로 여겨졌다.[79]

복사나무의 가장 중요한 특징은 순수한 나무라는 점이다. 왜 복사나무를 순수한 나무로 이해했는지는 알 수 없다. 『회남자(淮南子)·시칙(時則)』에서는 화기가 왕성한 4월의 나무로 복사나무를 선정했다.[80] 아마도 화기가 붉은 색이기 때문에 복사나무의 꽃과 연결했을 수도 있다. 왜냐하면 붉은 색은 악귀를 물리치는 색깔이기 때문이다. 물론 복사나무의 꽃은 붉은 색은 아니지만, 오목 중에서 나무의 꽃이 붉은색에 가까운 것은 복사나무뿐이다. 아울러 서왕모와 무제의 대화에서 복숭아가 선약의 상징으로 등장하려면 실제 복사나무가 존재해야 한다. 물론 서왕모가 가져온 복숭아는 『산해경』에서 언급하고 있듯 창해(滄海) 속 도삭산(度朔山) 꼭대기에 살고 있지만, 실존하는 복숭아가 없으면 그런 상상도 불가능하다. 아마도 서왕모가 가져온 복숭아는 무제가 거처했던 지금의 서안에서 복사나무가 살 수 있어야 선약의 복숭아도 신화 속에 넣을 수 있을 것이다. 『본초강목』에 따르면, 섬서성에는 아주 크고 아름다운 복사나무가 있었을 뿐 아니라 복숭아는 약으로 사용했다.[81]

복사나무가 악귀를 물리친다는 내용은 북위 가사협의 『제민요술』에서 인용한 『본초경』에서도 확인할 수 있다.[82]

- 올빼미가 복사나무에 살면 과실이 떨어지지 않는다. 또한 백가지 귀신을 죽인다.

『제민요술』에서 인용한 『술(術)』에서는 다음과 같은 내용이 실렸다.[83]

- 동방(東方)에 9그루 복사나무를 심으면 집안의 자손이 번성하고 재앙이 없어진다.

무제는 서왕모에게 얻은 복숭아를 먹은 후 씨를 모아서 다시 심으려 했지만 서왕모가 복사나무의 씨, 즉 도인(桃仁)을 심으면 3000년 만에 싹이 난다는 얘기에 포기하고 말았다. 그런데 왜 서왕모는 왜 3000년을 말했을까. 정답은 없지만 불교의 과거세(過去世) 천불, 현재세(現在世) 천불, 미래세(未來世) 천불 등 삼천불과 무관하지 않을 것이다.

선도인 복숭아의 색깔이 푸른빛을 띠는 것은 악귀를 물리치는 색깔과 다르다. 복숭아 색이 푸른 까닭은 도교가 숭상하는 색깔이기 때문일 것이고, 복숭아를 담은 쟁반이 옥쟁반인 것도 도교와 무관하지 않을 것이다. 복숭아의 크기를 설명하면서 등장하는 '오리'는 『이아』의 서부(舒鳧)나 목(鶩)과 다른 글자인 압(鴨)이다. 중국에서는 고대부터 오리를 길렀기 때문에 복숭아를 오리에 비유할 수 있었던 것이다.

서왕모는 서해의 '서'와 맞닿아 있다. 그가 사는 곳은 서쪽을 상징하는 곤륜산이다. 서왕모가 살던 곤륜은 때론 '곤륜(崑崙)'으로 표기한다. 곤륜산에 대해서는 신화적인 곤륜과 지리적인 곤륜을 나눠서 이해할 필요가 있다. 서왕모는 곤륜산의 정상 반도원(蟠桃園)의 주인이다. 『사기·대원열전(大宛列傳)』에 예천(醴泉)과 요지(瑤池)가 등장한다.[84] 『예기(禮記)·예운(禮運)』에 따르면 예천은 단맛이 나는 물이 솟는 샘을 뜻한다. 감천(甘泉)과 같은 뜻을 지닌 예천은 태평성세의 상서로운 징조를 의미한다. 우리나라의 경상북도 예천군(醴泉郡)의 감천면(甘泉面)도 중국의 사례를 모방한 것이다. 『열자(列子)·주목왕(周穆王)』에서 보듯, 요지는 주나라 목왕이 팔준마(八駿馬)가 모는 수레를 타고 천하를 두루 유람하다가 서왕모를 만나 환대를 극진히 받았던 곳이다. 서왕모가 살았던 곤륜산의 반도원과 요지는 이후 인간이 바라는 최고의 장소로 인식되었다. 우리나라 조선시대 국가에 경사가 있을 때 궁중에서 베푸는 연회에서 '요지반도지곡(瑤池蟠桃之曲)'을 연주한 것이 『진연의궤(進宴儀軌)』에 남아 있다. 김진수(金進洙, 1797-1865)의 『벽로속집(碧蘆續集)』 중 「요지경(瑤池景)」 제3수에서도 요지와 반도가 등장한다.[85]

- 시녀(侍女)들이 모두 흰 봉황을 타고 있는데 / 侍女皆騎白鳳凰
  오수의(五銖衣)는 얇아서 옥 같은 피부 서늘했네 / 五銖衣薄玉肌凉
  요지(瑤池)에다 칙명으로 오늘밤 잔치 열어 / 瑤池勅設今宵宴
  반도(蟠桃) 손수 꺾어주는데 감히 맛보지 못했네. / 手折蟠桃不敢嘗

성리학을 지배이념으로 삼았던 조선시대에도 서왕모와 관련한 내용이 자연스럽게 등장하는 것은 불로장생에 대한 인간의 욕망이 얼마나 강한지를 잘 보여준다. 정조는 1795년 12월 11일 초계문신(抄啓文臣), 즉 규장각 소속 재교육 과정을 밟던 나이 어린 문신들에게 '왕모헌선도(王母獻仙桃)'를 짓도록 했다. 조선의 임금은 종종 '선도배(仙桃杯)'까지 하사했을 정도였다.

곤륜산의 정상에 복사나무가 살고 있다는 발상은 이미 복숭아가 선약이라는 사실을 보편적으로 인식하고 있다는 증거이다. 『서유기』에는 곤륜산의 반도원의 복사나무를 한층 구체적으로 설명하고 있다. 『서유기』에 따르면 반도원에는 3천 6백 그루의 복사나무가 살고 있다. 그 중 입구 쪽의 1천 2백 그루는 3천 년에 한 번 열매가 열리고, 열매는 작지만 먹으면 몸이 가벼워져 신선이 될 수 있다. 가운데의 1천 2백 그루는 여덟 겹의 꽃이 피고, 열매는 아주 달콤하고 6천 년에 한 번 열린다. 이것을 먹으면 아지랑이 같은 것을 타고 날아다닐 뿐 아니라 불로장생할 수 있다. 가장 안쪽의 1천 2백 그루는 자줏빛 반점이 있으며, 씨는 작지만 9천 년에 한 번 열매를 맺는다. 인간이 이 복숭아를 먹으면 하늘과 땅, 태양, 달만큼이나 오래오래 살 수 있다.[86)]

신화 속의 곤륜산은 불로장생을 꿈꾸는 사람들이 만든 상상의 산이다. 다만, 산의 정상에 실존하는 복사나무가 산다는 사실은 곧 산의 위치를 정확하게 알 수 없지만 곤륜산도 어딘가에 존재하는 산을 우주의 산으로 삼은 것이다. 곤륜산이 우주의 중심이라는 사상은 전국시대부터 시작해서 한나라 무제 때는 상당히 유행했다. 지리적 곤륜은 중국 티베트 고원의 북쪽 연변을 이루는 산맥을 의미한다. 곤륜산맥의 거리는 2500km에 이를 만큼 길다. 이 거리는 항주에서 북경까지의 거리와 같다. 그래서 곤륜산맥은 중국의 국토 중 차지하는 비중이 높기 때문에 상당히 중요하다.

동방삭의 『신이경(神異經)·중황경(中荒經)』 '곤륜천주(崑崙天柱)'에는 구리 기둥에 대한 내용과 서왕모에 대한 내용은 있고 복사나무에 대한 내용은 없지만,[87)] 그는 서왕모의 복숭아를 먹고 가장 효험을 본 사람이다. 왜냐하면 그는 서왕모의 복숭아를 훔쳐 먹은 후 3천 갑자(甲子)를 살았기 때문이다. 동방삭이 복숭아를 훔쳐 먹은 덕분에 3천 갑자를 살았다면 180,000살을 살았다는 뜻이다. 동방삭은 『사기·골계열전(滑稽列傳)』에 등장하는 실존 인물이다. 동방삭이 서왕모의 복숭아를 훔쳐 먹은 얘기는 『박물지·사보(史補)』에서 확인할 수 있다.[88)]

- 오직 무제와 서왕모만이 대좌했고 그 시종들은 누구도 들어올 수 없었다. 그 때 동방삭이 궁전의 남쪽 별채 주작(朱雀) 형상으로 만든 창문 틈으로 서왕모를 엿보고 있었

다. 서왕모는 그곳을 돌아보며 무제에게 이렇게 말했다.

"창문으로 훔쳐보는 이 녀석이 일찍이 세 번이나 나의 이 복숭아를 훔쳐 먹었지요"

무제는 아주 괴이하게 생각했다. 이 때문에 세상 사람들은 동방삭도 신선이었으리라 말하는 것이다.

『박물지·잡설상(雜說上)』에는 동방삭의 출현에 대한 또 다른 얘기를 담고 있다. 『박물지』에서는 『신선전』을 인용하고 있다. 그러나 갈홍의 『신선전』에는 아래 내용이 나오지 않는다.

- 부열(傅說)이 승천하여 진성(辰星)과 미성(尾星)의 별자리를 차지했다. 그리고 세성(歲星)이 인간 세계로 내려와 동방삭이 되었다. 부열은 죽어 이 별자리가 되었고, 동방삭이 이 세상에 내려와 사는 동안에는 세성의 자리가 없었다.

『신선전』에 등장하는 부열은 상나라 때의 재상이다. 『상서(尙書)·열명하(說命下)』에 상나라 무정(武丁) 임금이 부열(傅說)에게 "여러 가지 양념을 넣고 국을 끓일 때처럼 그대가 소금과 매실이 되어 주오/若作和羹 爾惟鹽梅"라는 내용이 실려 있다.[89] 『신선전』의 내용은 별자리와 인물을 연결한 부분이다. 동방삭을 세성으로 이해한 것도 주목할 일이다. 세성은 곧 목성(木星)을 뜻한다. 그 이유는 목성이 하늘을 12등분한 구획인 12성차(星次)를 차례로 1년에 하나씩 거쳐서 간다고 생각했기 때문이다. 그래서 목성이 머무르는 12차의 별자리의 이름으로 그 해의 이름을 지었다. 이것이 곧 세성기년법(歲星紀年法)이다. 우리나라의 고려를 석목(析木) 혹은 석목진(析木津)이라 부른 것도 세성기년법에 따른 것이다. 『신선전』의 '동방삭'에는 그를 세성의 정령으로 묘사하고 있다.[90]

기이한 달인 동방삭/東方奇達
시속에 섞여 지냈네./混同時俗
용도 되고 뱀도 되니/一龍一蛇
영욕을 어찌 예측하겠는가?/豈豫榮辱
고상한 운치 하늘에 닿아/高韻冲霄
행동에 구속이 없었네./不羈不束
오호에서 은거하다/沈跡五湖
양곡으로 승천했네./騰影暘谷

동방삭이 서왕모의 복숭아를 훔친 것은 그가 신선사상에 심취했다는 유력한 증거이다. 사마천도 『사기·골계열전』에서 제나라 출신 동방삭이 신선 사상을 갖고 있었다는 사실을 넌지시 암시하고 있다. 열전에 따르면,[91] 동방삭이 무제 곁에 있을 수 있었던 까닭은 장안의 공거부(公車府)에서 상소를 올려 무제의 마음을 빼앗았기 때문이었다. 당시 동방삭이 무제에게 올린 글은 3천개의 목간(木簡)이었다. 그래서 두 사람이 목간을 옮겨야만 했다. 무제는 동방삭의 상소문을 두 달 만에야 모두 읽을 수 있었다. 무제는 동방삭의 글을 읽고 그를 낭관(郎官)에 임명했다. 동방삭은 무제 곁에서 시중들면서 무제를 항상 즐겁게 했다. 무제는 종종 그에게 화폐와 비단을 선물했지만, 동방삭은 그 돈을 모두 젊은 미녀와 노는 데 사용했다. 당시 사람들은 그러한 동방삭을 미치광이라 비난했다. 그런데 동방삭이 그러한 행동을 한 것은 나름 계산이 있었다. 그는 수 십 년 동안 무제 곁에 있으면서 높은 벼슬자리에 오를 수 있는 능력을 갖추었지만, 전국시대와 달리 안정을 찾은 무제 시대에는 높은 자리에 오를 수 없다는 것을 잘 알고 있었던 것이다. 즉 동방삭은 명철보신하는 방법을 잘 알고 있었던 것이다. 동방삭은 유학은 물론 다양한 분야에도 해박한 지식을 갖추고 있었다. 무제가 건장궁(建章宮) 뒤뜰 난간에 짐승이 나타났다는 소식을 듣고 짐승의 이름을 물었지만 아무도 몰랐다. 이에 조서를 내려 동방삭에게 물었더니 알려주었다.

동방삭은 과연 신선을 상징하는 복숭아를 어떻게 생각했는지도 무척 궁금한 부분이다. 동방삭이 복숭아에 대한 인식을 살펴볼 수 있는 자료는 그가 직접 편찬한 『신이경(神異經)』이다. 물론 이 작품의 저자에 대해서는 한나라 이후부터 논란이지만 신선 사상과 관련한 자들이 편찬한 것만은 분명하다. 이 작품을 동방삭으로 이해하고 있는 이유는 무엇보다도 그를 신선 사상의 대상자라고 보고 있기 때문이다. 『산해경』의 구성과 닮은 『신이경』의 특징 중 하나는 『신이경』의 첫 부분인 「동황경(東荒經)」 내용 10항목 중 6항목이 나무와 관련한 내용이라는 점이다. 그 중 하나가 복사나무, 즉 도수(桃樹)에 관한 것이다.[92)]

- 동쪽에 있는 어떤 나무는 높이가 50장이고 잎의 길이는 8척이며 너비는 405척이며 이름을 '도'라 한다. 열매의 지름은 3척 2치이며 이것을 국에 넣어 먹으면 수명이 늘어나며 열매 속의 씨앗을 먹으면 기침이 나을 수 있다.

『신이경』의 복사나무는 서쪽이 아니라 동쪽에 살고 있다. 아마도 그가 산동성 출신이기 때문일지도 모른다. 물론 『제민요술』과 『태평어람』 등에는 동방이 아니라 동북으로 표기하고 있지만, 동쪽과 관련한 것만은 사실이다. 『신이경』의 내용은 동방삭이 서왕모의 복숭아를 훔쳐 먹은 이유가 장수에 있다는 것을 보여주는 증거 중 하나이다. 특히 『신이경』에는 복숭아를 먹는 방법까지 기록했다. 『신이경』의 복사나무 내용은 나무의 생태를 아주 구체적으로 언급하고 있는 『신이경』의 부상 설명 방식과 같다. 『신이경』에서 묘사하고 있는 복사나무의 특징 중 하나는 잎이 아주 크다는 점이다.

동방삭에 대한 신화는 강렬한 인상을 남겼다. 동진 갈홍의 『신선전(神仙傳)』 중 장도릉(張道陵)에 관한 얘기는 복숭아의 위력을 유감없이 보여준다. 장도릉과 관련한 복사나무는 패국(沛國) 출신 장도릉이 조승(趙昇)을 일곱 번째 시험할 때

마지막 일곱 번 시험하기 위해 절벽 위 누각에 갔을 때 등장한다.[93] 이곳의 한 그루 복사나무는 사람의 팔처럼 생겼다. 복사나무에는 열매가 가득했다. 장도릉이 제자들에게 이 복숭아를 가져올 수 있다면 마땅히 그에게 요결(要訣)을 알려주겠다고 했지만, 다른 사람들은 엄두도 내지 못했다. 다만 조승만이 복숭아를 따기 위해 절벽 아래로 뛰어내렸다. 그러나 복숭아를 얻었지만 위로 올라갈 수가 없었다. 그래서 그는 복숭아를 하나하나 위로 던졌는데 모두 202개였다. 장도릉은 복숭아를 자신은 물론 제자들에게 나눠주고 조승에게도 하나 주었다. 장도릉은 복숭아를 먹고 다시 절벽 아래 복숭아를 따기 위해 뛰어 내렸다.

동방삭의 영향력은 서왕모의 복숭아를 훔치는 장면을 구체적으로 묘사한 명나라 오위(吳偉)의 《동방삭투도도(東方朔偸桃圖)》, 조선 김홍도의 《낭원투도도(閬苑偸桃圖)》 등에서도 확인할 수 있다. 중국과 한국의 선조들은 도연명(陶淵明)의 『도화원기(桃花源記)』나 안견의 《몽유도원도(夢遊桃源圖)》에서 보듯 복사나무를 통해 장수와 지상낙원을 꿈꿨다. 게다가 우리나라 사람들은 발목의 볼록한 뼈인 '복숭아뼈', 목의 림프선인 '편도(扁桃)'를 통해 신체의 일부를 복숭아에 비유할 만큼 복사나무를 사랑하고 있다. 이는 인간이 영원히 복사나무를 잊을 수 없는 존재로 여긴다는 뜻이다.

우리나라에서도 중국의 영향을 받아 복사나무에 대한 얘기가 적지 않다. 그 중에서도 『삼국유사』의 「도화랑(桃花郞)과 비형랑(鼻荊郞)」 얘기는 복사나무의 벽사 효능을 보여준다.[94] 사랑부에 사는 백성의 딸 도화랑은 자태가 요염하고 얼굴이 예뻤는데 진지대왕이 듣고 궁중으로 불러들여 관계를 가지려했다. 그러나 그녀는 목숨을 걸고 거절했다. 그러자 왕도 단념하고 지아비가 없으면 상관없느냐고 했다. 도화랑은 왕의 물음에 그렇게 하겠다고 했다. 왕이 죽고 도화랑의 남편도 죽자, 열흘이 지나 홀연히 밤중에 왕이 나타나 약속대로 관계를 맺고자 했다. 그녀는 결국 왕과의 약속을 지킬 수밖에 없었다. 왕이 칠일 간 머물자 도화랑이 임신을 했다. 그녀의 몸에서 태어난 자가 바로 비형랑이었다. 진평왕이 그가 아주 특이하다는 얘길 듣고 그의 나이 열다섯 살에 집사에 임명했다. 비형랑은 신통력을 갖고 있었다. 그 때 사람들이 다음과 같은 노래를 불렀다.

> 귀하신 왕의 혼으로 아들을 낳으니
> 비형랑 그 사람의 방이 여기네.
> 날고 뛰는 가지가지 귀신들아
> 이곳에 머물지는 말아라

사람들 사이에서 이 노래를 붙여 귀신을 쫓는 습속이 생겼다. 비형랑이 귀신을 쫓을 수 있었던 까닭은 그가 복숭아와 관련한 어머니 도화랑의 몸속에서 태어났기 때문이다.

경남 창녕군 고암면 중대리 사암 대추나무

04

대추를 먹고 하늘로 올라간 안기생

대추나무의 열매는 우리나라에서도 전통시대부터 지금까지 일상에서 아주 긴요하다. 마트에서 대추로 만든 음료를 쉽게 만날 수 있고, 제사나 한방 재료에서 빠지지 않는다. 대추를 제사에 올리는 이유는 이 나무에 열매가 많이 달려 자손이 빈성하라는 뜻이기도 하고, 조상을 모시는 마음이 변치 않길 바라기 때문이다. 대추는 붉게 익으면 변하지 않는 특성을 갖고 있다. 중국에는 대추나무의 열매를 많이 맺도록 하는 '대추나무 시집보내기', 즉 '가조(嫁棗)'라는 풍속이 있었다.[95) 『제민요술』에 따르면, "정월 초하루 해가 뜰 무렵에 도끼 등으로 대추나무의 여기 저기를 마구 두들겨 주어야 한다. 이를 일컬어 '대추나무 시집보내기'라 한다. 두들겨주지 않으면 꽃만 피고 열매를 맺지 않는다. 그러나 가지가 찢어지면 씨가 말라 죽는다." "누에를 섶에 올릴 즈음 몽둥이로 대추나무 가지 사이를 때려서 멋대로 핀 꽃을 떨어뜨려 없애야 한다. 그렇지 않으면 꽃만 무성하게 피고 과실은 열리지 않고 달려도 익지 않는다."

우리나라에서도 중국의 풍속처럼 정월 대보름과 5월 단오에 '대추나무 시집보내기'를 했다. 이 날에는 대추나무 가지가 둘로 갈라진 틈에 돌을 끼운다. 그리고 마을 아낙네들이 저마다 흩어져 큰 돌을 주워오면 마을에서는 이 가운데 가장 적절한 돌을 골라 상처가 날 정도로 빠지지 않게 나무에 꽉 끼운다. 가지가 갈라진 대추나무는 곧 여자요, 돌은 곧 남자다. 따라서 이는 남자와 여자의 결혼과 같은 의식이다. 대추나무 시집보내기는 상당히 잘 알려진 풍속이라 추사 김정희의 시[96]에도 등장한다.

「황산에 차운하다/次黃山韻」

꽃다운 때 술 대하면 언제나 서글프니 / 芳辰對酒每咨嗟
돈과 술로 세월을 멈추기란 어려운 일 / 難把酒錢歲月賒
배 채우자 보리밥을 함께 한 내 부끄럽소 / 愧我塡腸同麥飯
세상에 보기 드문 그대는 바로 창화 / 如君稀世是菖花
차 달이는 그곳엔 파리 모기 응당 적고 / 蠅蚊應少拈茶處
가조하는 그 집에는 벌 나비 드셀레라 / 蜂蝶爭喧嫁棗家
눈에 가득 석류꽃 불꽃같이 피었으니 / 滿眼石榴開似火
시차가 굴러굴러 문 앞에 당도하네 / 門前轢轢到詩車

갈매나뭇과 갈잎떨기나무 대추나무[*Ziziphus jujuba* Mill. var. *inermis* (Bunge) Rehder]는 한자 대조(大棗)[97]에서 변한 이름이다. 대추를 의미하는 한자 조(棗)는 가시가 많다는 뜻이다. 그러나 독일의 식물학자 레더르(Rehder, 1863-1949)가 붙인 학명 중 종소명 중 하나인 '이네르미스(*inermis*)'는 '가시가 없다'를 의미한다. 이는 학명을 붙인 사람이 보았던 대추나무가 중동산이기 때문일지 모른다. 대추나무도 종류가 아주 많다. 학명 중 속명인 '지푸스(*Zizyphus*)'는 아랍명 지존프(zizonf)가

희랍명 지지폰(ziziphon)으로, 지지폰이 다시 현대명으로 바뀌었다. 종소명 '유유바(*jujuba*)'는 아랍명이다.

대추가 신선이 먹는 과실이라면 그 효능이 아주 뛰어나다는 사실이다. 대추를 먹고 신선이 된 얘기는『사기·봉선서(封禪書)』에 등장한다.[98]

- 한나라 무제 때 방사(方士) 이소군(李少君)이 장생불사의 술법을 알고 있고 또 신선도 직접 만난 적이 있다고 하여 무제의 신임을 얻었는데, 그가 "일찍이 해상에서 노닐 적에 안기생을 만났더니, 참외만 한 크기의 대추를 먹고 있었다. 신선인 안기생은 봉래산을 오가면서 세상일이 뜻에 맞으면 사람들에게 나타나고, 그렇지 않으면 모습을 감춘다.

안기생(安期生)에 대한 얘기는『열선전』에도 등장한다.[99] 안기생은 낭야군(琅琊郡) 부향(阜鄉) 사람이다. 이소군과 안기생에 관한 얘기는 한나라 무제 때의 얘기다. 무제는 도가의 불로장생설에 큰 관심을 가져 단약을 만들 때 사용하는 이슬을 받기 위해 건장궁(建章宮)에 승로반(承露盤)을 만들 정도였다. 그는 방사인 이소군에게 선가(仙家)의 불로장생법인 각로방(却老方)을 전수받았기 때문에 그를 극진히 대우했다.[100] 안기생이 먹은 대추의 위력은 아래에서도 확인할 수 있다.[101]

- 옛날 어떤 사람이 안기생의 커다란 대추를 큰 강 남쪽에서 얻어 사흘을 삼자 비로소 익었다. 그 향기는 10리까지 퍼져 죽은 자가 살아나고 병든 자가 일어나 그 사람이 그것을 먹으면 대낮에도 하늘에 올라갔기 때문에 자조(煮棗)라 불렀다.

안기생에 대한 얘기는 우리나라에서도 알려져 고려시대 이숭인(李崇仁)의 문집에서도 등장한다.[102]

● 「사문도에서 회고하며/沙門島懷古」

높은 곳에 기대어 봉래섬 볼까 하였더니 / 憑高欲望蓬萊島
안개 물결만 까마득히 하늘과 잇닿았네. / 渺渺煙波接蒼昊
참외만 한 대추 먹은 안기만 전해 올 뿐 / 安期空有棗如瓜
석양의 무릉에는 가을 풀만 우거졌다오. / 斜日茂陵生秋草

안기생처럼 신선이 먹은 대추의 중요한 특징은 아주 크다는 점이다. 이 같은 사실은 『신이경 · 조림(棗林)』에서도 확인할 수 있다.[103]

● 북쪽 변경 가운데 대추나무 숲이 있다. 그 대추나무의 높이는 50장이고 펼쳐진 가지들은 몇 리 남짓이다. 폭풍에도 쓰러지지 않고 번개가 쳐도 부러지지 않는다. 열매의 길이는 6-7치이고 둘레는 길이보다 길다. 익은 열매는 연지처럼 붉다. 말려도 오그라들지 않고 맛이 달고 부드러우며 보통 대추와 다르다. 이 열매를 먹으면 몸이 편안해지고 기력이 보충된다.

중국에서는 실제 아주 유명한 대추가 적지 않았다. 『제민요술』에는 청주(靑州)의 '낙씨조(樂氏棗)'를 천하제일의 대추로 소개하고 있다.[104]낙씨조는 전국시대 연나라 명장이었던 낙의(樂毅)가 제나라를 무너뜨린 후 연나라에서 가져와 심은 대추나무이다. 그래서 제나라의 서안(西安)과 광요(廣饒)의 대추나무가 바로 낙씨조였다. 북위 때는 이들 대추를 능조(陵棗)와 몽롱조(幪弄棗)라 불렀다.

『제민요술』에는 『잡오행서(雜五行書)』를 인용해서 대추나무의 벽사(闢邪) 효능을 기록하고 있다.[105]

● 집안의 남쪽에 대추나무 9그루를 심으면 현관(縣官)을 피할 수 있고, 잠상(蠶桑)에도

좋다. 대추 씨안에 사람이 27명 그려진 옷을 입으면 질병을 피할 수 있다. 대추의 핵 가운데의 인(仁)과 대추의 가시를 상용하면 백가지 간사한 짓을 두 번 다시 저지르지 않는다.

중국인에게 대추는 신선이 먹을 만큼 귀한 과실이었다. 중국의 대추에 대한 모든 것은 원나라 절강성 출신 유관(柳貫, 1270-1342)이 편찬한 『타조보』에 들어 있다. 유관의 작품은 중국 최초의 대추 관련 전문 서적이다. 여기에는 74종의 대추 이름이 나온다.

유관의 작품은 청대 오기준(吳其濬)의 『식물명실도고장편(植物名實圖考長編)』의 부록[106]에 수록되어 있다. 『타조보』의 내용은 일부 간단한 설명을 덧붙인 대추를 제외하면 대부분 대추의 이름만 수록하고 있다.

〈표〉 **『타조보』의 대추 이름과 특징**

대추이름	특징
녹로조(鹿盧棗)	열매가 아주 가늘다
계관조(鷄冠棗)	저양(雎陽)에서 생산, 포(脯)에 적합함
이산조(樲酸棗)	나무가 아주 작고, 열매는 신맛이다
제호조(醍醐棗)	저양에서 생산, 날 것으로 먹음
제백조(木+齊白棗)	씨가 희다
백조(白棗)	염관조(鹽官棗)이다
양조(羊棗)	열매가 작고 둥글며, 자흑색이다
무실조(無實棗)	열매가 없다
변요조(邊腰棗)	
양철제조(楊徹齊棗)	『이아(爾雅)』에 미상
자전조(煮塡棗)	『이아(爾雅)』에 미상
파사조(波斯棗)	파사국(波斯國)에서 생산, 길이 3촌(寸)
우두조(牛頭棗)	

대추이름	특징
상황조(上皇棗)	
적심조(赤心棗)	
기렴조(崎廉棗)	
병왈조(駢曰棗)	
관조(灌棗)	
세요조(細腰棗)	
서왕모조(西王母棗)	3월에 익는다
계조(桂棗)	
계심조(鷄心棗)	
약지조(弱枝棗)	
구아조(狗牙棗)	
옥문조(玉門棗)	
축파조(蹙波棗)	
청화조(靑華棗)	
곡성자조(穀城紫棗)	길이 2촌
당조(棠棗)	
선후조(獮猴棗)	
체조(棣棗)	
삼심조(三心棗)	
홍조(紅棗)	산동에서 생산, 홍색
자문조(紫紋棗)	
향조(香棗)	합밀(哈密)에서 생산
원애조(圓愛棗)	
화조(火棗)	『목천자전(穆天子傳)』에 보임
삼촌조(三寸棗)	
금추조(金槌棗)	
어조(御棗)	청주(靑州)에서 생산
봉안조(鳳眼棗)	
동조(凍棗)	
사조(沙棗)	적근몽고위(赤斤蒙古衛)에서 생산
범조(凡棗)	『본초도경(本草圖經)』에 보임
방당조 (山+旁 山+唐棗)	한나라 방당 조산헌(棗山獻), 평생 1개 열매

대추이름	특징
나조(糯棗)	『북몽쇄언(北夢瑣言)』에 보임
안평조(安平棗)	하안(何晏) 『구주론(九州論)』에 보임
대조(大棗)	하동(河東) 의씨(猗氏)에서 생산
천증조(天蒸棗)	나무 위에서 붉게 건조
명해조(溟海棗)	이소군(李少君)이 먹음, 참외처럼 크다
옥문조(玉文棗)	서왕모가 먹음, 떡처럼 크다
세핵조(細核棗)	『습유기(拾遺記)』에 따르면 음기봉(陰岐峰)에서 생산, 씨가 가늘다
양각조(羊角棗)	석계용(石季龍)이 정원에 심었음, 10개의 열매가 2척
선인조(仙人棗)	길이 4촌, 씨가 바늘과 같다
귀산조(䰟山棗)	색깔이 아주 아름답다
교조(膠棗)	
남조(南棗)	아주 좋지 않아 먹을 수 없다
단조(團棗)	
미조(美棗)	
편조(匾棗)	
양조(良棗)	
와조(臥棗)	
염관조(鹽官棗)	해염(海鹽)에서 생산, 자색으로 맛이 좋다
토조(菟棗)	높이가 1척 정도, 열매가 대추같고, 단양(丹陽)에서 생산
칠척조(七尺棗)	『술이기(述異記)』에 보인다
아조(牙棗)	일찍 익고 맛도 달다
청주조(青州棗)	
금성조(金城棗)	모양은 크지만 속이 비어 육질이 적다
적조(赤棗)	열매 색깔이 붉고 신맛이다.
만세조(萬世棗)	삼불제국(三佛齊國)에서 생산
서왕조(西王棗)	곤륜산에서 생산
밀운조(密雲棗)	밀운현에서 생산, 맛이 아주 달다
산조(山棗)	대추처럼 둥글고, 청황색이며, 단맛과 신맛이 나며, 광주(廣州)에서 생산

『타조보』에서 기록한 74종의 대추나무를 분석하면 대추 신화와 관련한 내용도 엿볼 수 있다. 우선 서왕모와 관련한 대추가 서왕모조, 옥문조(玉紋棗), 서왕조 등 3종이 기록되어 있다. 그 중에서도 옥문조는 서왕모가 먹었다는 특징이 있다. 서왕모와 관련한 대추의 종류가 실제 재배했다는 것은 중국의 대추 신화가 아주 오랫동안 계승되었다는 것을 의미한다. 대추 신화와 관련해서 『타조보』에서 주목할 것은 이소군이 먹은 명해조이다. 왜냐하면 이소군은 한나라 무제 때 유명한 방사였기 때문이다. 이소군이 먹었다는 명해조의 중요한 특징은 대추의 크기가 참외만 했다는 사실이다. 대추가 엄청나게 큰 것은 신선과 밀접한 관련이 있다. 『신선전(神仙傳)』에 따르면, 이소군은 제나라 출신이며, 안기생에게 연단술을 배웠다. 이소군이 무제에게 알려준 연단의 비방은 다음과 같다.[107]

- 단사(丹砂)를 황금으로 만들 수 있습니다. 황금을 복용하면 신선이 되어 승천할 수 있습니다. 신은 바닷가에 노닐다가 안기 선생이라는 신선을 만나 참외만한 대추를 먹은 적이 있습니다.

대추의 효능에 대한 이야기 중 잘 알려진 것은 지금의 산서성 태원군(太原郡)의 왕중덕(王仲德)에 관한 것이다.[108]

- 태원군의 왕중덕이 젊었을 때 난리를 만나 오랑캐를 피하느라 사흘이나 굶은 채 허기져 숲 속에 누워있었다. 갑자기 한 사람이 나타나 그의 머리를 부축하면서 "일어나 대추를 잡수세요"라고 말했다. 왕중덕은 깨어났을 때 키가 넉자 정도 되는 어린 아이 하나를 언뜻 본 것 같았는데 금세 사라져버렸고 마른 대추 한 자루만 그의 앞에 놓여 있었다. 그것을 먹자 기운이 좀 생겨서 일어설 수 있었다고 한다.

대추를 신선과 관련해서 언급한 내용은 『본초강목』의 중사조(仲思棗)에서도 확인할 수 있다.[109] 『본초강목』에서 인용한 『광지(廣志)』에 따르면, 중사조는 북제(北齊, 550-577) 때 선인(仙人) 중사가 이 대추를 얻어 심었기 때문에 붙인 이름이다. 대추와 모양이 비슷한 중사조는 길이 12촌이며 아주 붉으며 작은 씨에 아주 세밀한 무늬가 있으며, 맛이 달다. 지금은 거의 찾아볼 수 없다. 이시진이 인용한 두보(杜寶)의 『대업습유기(大業拾遺記)』 에 따르면, 수나라 때 지금의 하북성 익주(翼州)에 위치한 신도군(信都郡)에서 중사조를 바쳤는데, 길이가 4촌, 둘레가 5촌, 육질이 아주 두껍고 씨는 작고 맛이 아주 좋아 청주조보다 우수했다. 그래서 달리 '선조(仙棗)'라 부른다. 이런 사실로 보면 『광지』에서 언급한 서왕모조와 곡성자조(谷城紫棗)도 모두 같은 종류이다. 『타조보』의 내용 중 백조와 염관조는 각각 다른 종류로 소개하고 있지만, 백조를 염관조와 같다는 지적은 착오로 보인다.

『이아』에서 언급한 대추 종류를 살피면, 『타조보』에 기록한 대추 종류를 이해하는데 유익하다. 『이아』에는 11종류의 대추를 소개하고 있다.[110] 조(棗)는 모양이 박처럼 생겨서 호조(壺棗)라 한다. 곽박의 주소에 따르면, 강동(江東)에서 대추가 크고 위가 뾰족한 것을 '호'라 불렀다. 변요조(邊腰棗)에 대해 곽박은 열매의 중간 부분이 가느다란 모양이라 설명했다. 곽박은 변요조를 지금의 녹로조라 설명했다. 그런데 『타조보』에서는 변요조에 대한 설명은 없으며, 녹로조는 다른 종류로 보았다. 제(木+齊)는 백조(白棗)이다. 곽박은 제가 지금의 대추이며, 익으면 하얗다고 설명했다. 『타조보』에서는 백조를 염관조라 기록했다. 그런데 『타조보』에서는 염관조를 다른 종류로 분류했다. 『타조보』에서는 제백조를 따로 소개하고 있으며, 씨가 희다고 설명했다. 이(樲)는 산조(酸棗)이다. 산조는 『타조보』의 이산조를 의미한다. 곽박은 이의 경우 나무가 작고 열매가 시며, 『맹자』에서 언급한 "이극(樲棘)을 기른다"의 '이'도 같은 의미로 해석했다. 원나라의 농서 『농상집요(農桑輯要)』에는 산조 가루내는 법을 소개하고 있다.[111]

양철(楊徹)은 제조(齊棗)이다. 곽박은 양철에 대해 설명하지 않았다. 준(遵)은 양조(羊棗)이다. 곽박에 따르면, 양조는 열매가 작고 둥그렇고 자흑색이다. 지금은 세상 사람들이 '양시조(羊矢棗)'라 부른다. 『맹자』에 "증석이 양조를 즐긴다"는 구절이 나온다. 『타조보』의 양조에 대한 설명도 같다. 세(洗)는 대조(大棗)이다. 곽박에 따르면, 대조는 지금의 하동의 의씨현(猗氏縣)에서 생산하며 열매가 계란만하다. 『타조보』에서 같은 내용을 소개하고 있다. 자(煮)는 전조(塡棗)이다. 곽박은 전조에 대해 설명하지 않았다. 『타조보』에서는 자를 자전조라 기록했다. 궐설(蹶泄)은 고조(苦棗)이다. 곽박에 따르면, 궐설은 열매 맛이 쓰다. 『본초강목』에서는 고조를 소개하고 있다.[112) 『본초강목』에 따르면, 고조는 곳곳에서 자라며 색깔이 푸르고 작으며, 맛이 떫어서 먹을 수 없었다. 석(皙)은 열매가 없는 대추, 즉 무실조(無實棗)를 뜻한다. 『타조보』의 무실조에 해당한다. 환미(還味)는 임조(棯棗)이다. 곽박에 따르면 환미는 단미(短味)이다.

『이아』와 『타조보』에서 보듯이 우리나라에서 이해하고 있는 대추[大棗]의 종류가 아주 많다. 북송의 육전(陸佃)이 편찬한 『비아(埤雅)』에 따르면, '조'는 '큰 대추', '극(棘)'은 '작은 대추'를 뜻했다.[113)]

강원도 삼척시 미로면 준경묘 소나무

05

검을 숨긴 남산의 소나무

소나무는 한국만이 아니라 중국과 일본에서도 여러 측면에서 아주 중요한 나무이다. 우리나라의 유일한 나무 설화가 바로 소나무이듯이, 중국에서도 소나무에 얽힌 얘기가 적지 않다. 따라서 소나무가 신화에 등장하는 것은 아주 자연스러운 현상이다. 소나부의 학명(*Pinus densiflora* Siebold & Zucc.)에서 보듯이 원산지 표기가 없다. 소나무의 학명을 붙인 사람은 네덜란드의 식물학자 시에볼드(Philipp Franz von Siebold, 1796-1866)와 독일의 식물학자 주카리니(Joseph Gerjard Zuccarini, 1797-1848)이다. 두 사람은 일본에서 수집한 식물을 분류하는 데 많은 노력을 기울였으며, 일본을 비롯한 아시아의 식물을 유럽에 전파하는 데 중요한 역할을 담당했다. 나는 일본 최고(最古)의 식물원인 고이시카와식물원에서 주카리리가 활동한 흔적을 직접 보았다. 두 사람이 붙인 소나무 학명 중 속명 '피누스(*Pinus*)'는 캘트어로 '산'을 의미하고, 종소명 '덴시플로라(*densiflora*)'는 '빽빽하게 돋아나는 꽃이 있다'는 뜻이다. 두 사람은 소나무가 산에서 자라고 꽃이 많이 피는 것을 강조했다. 그러나 우리나라와 중국에서는 소나무의 꽃보다는 잎에 큰 관심을 가졌다.

소나무와 관련한 신화는 동진(東晋)의 역사가 간보가 편찬한 『수신기』에서 확인할 수 있다.[114)]

- 간장(干將)과 막야(莫耶)는 초나라 왕을 위해 3년에 걸쳐 검을 만들었다. 그들이 만든 검에는 자웅(雌雄)이 있었는데 천하의 명검이었다. 간장은 자검(雌劍)만 왕에게 바치고 웅검(雄劍)은 숨겨두고서 아내에게 말했다. "내가 검을 남산과 북쪽과 북산의 남쪽 돌위 소나무가 살고 있는 곳에 숨겼소. 만약 왕이 알아차리고 나를 죽인 뒤에 당신이 아들을 낳으면 그 아이에게 알려주오." 결국 왕이 알아차리고 간장을 죽였다. 아내는 후에 적비(赤鼻)라는 아들을 낳아 모든 것을 알려주었다. 적비는 남산의 소나무를 베어보았으나 검을 찾지 못했다. 그러다 어느 날 집의 기둥 속에서 검을 찾았다.

신화의 내용 중 주목할 부분은 검과 소나무이다. 춘추시대 오나라 간장과 막야 부부가 만든 자웅검은 중국에서 매우 유명하다. 자웅검은 결국 간장과 막야 부부를 의미한다. 사건의 발단은 간장이 자신의 검인 웅장을 왕에게 주지 않고 아내의 검인 자검만 바친 데 있었다. 두 검은 짝을 이루기 때문에 두 개를 동시에 가져야만 의미가 있다.

검을 자웅으로 나누어서 만드는 연유에 대해서는 『포박자』에서 확인할 수 있다. 『본초강목』에서도 『포박자』의 내용[115)]을 소개하고 있다. 간장 부부가 만든 검은 적동(赤銅)으로 만든 것이다. 적동은 홍동(紅銅), 적금(赤金), 동말(銅末), 동화(銅花), 동분(銅粉), 동사(銅砂)라 부른다. 동은 철(凸) 부분을 수컷 모(牡), 요(凹) 부분을 암컷 빈(牝)이라 부른다. 빈으로 만든 검을 자검, 모로 만든 검을 웅검이라 부른다. 이 같은 검을 가지고 강호(江湖)에 들어가면 교룡(蛟龍)과 수신(水神)이 모두 두려워서 피했다.

포박자의 내용은 『진서(晉書)』「장화열전(張華列傳)」에서도 유사한 내용이 등장한다. 진(晉)나라 뇌환(雷煥)이 남창(南昌)의 풍성옥(豐城獄) 지하에 묻힌 간장 부부의 검을 발굴했다. 그 중 간장검(干將劍)은 상서(尙書) 장화(張華)에게 바치고, 막야검(莫邪劍)은 자신이 차고 다녔다. 그런데 장화가 죽음을 당한 후 간장검의 행방을 알 수 없었다. 뇌환이 죽은 뒤 그 아들 뇌화(雷華)가 막야검을 차고 평진(平津)을 지나고 있었는데 갑자기 검이 허리에서 빠져나가 물속으로 들어갔다. 뇌화가 사람을 시켜 물속에 들어가 검을 찾게 했지만, 검은 보이지 않고 아주 긴 두 마리의 용이 물을 비추자 물길이 솟아올랐다. 뇌화는 헤어졌던 웅검과 자검이 재회(再會)한 것이라 여겼다.[116)]

장화열전의 주인공 장화는 곧 『박물지(博物志)』의 저자이다. 『박물지』의 내용을 검토하면 장화열전에 왜 간장검과 막야검에 대한 얘기가 등장하는지를 짐작할 수 있다. 『박물지』에는 희귀한 얘기로 가득하기 때문이다.[117)]

간장검과 막야검의 재회 고사는 죽은 뒤에 부부가 만나는 명구를 낳았다. 이러한 사례는 송준길(宋浚吉, 1606-1672)의 『동춘당집(同春堂集)·속집(續集)』 중에서도 엿볼 수 있다.[118)]

「나참판(羅參判) 만갑(萬甲)의 부인을 보내는 만사」

현숙하고 슬기로움 규방에 으뜸이고 / 淑哲閨房秀

조용하고 정결하신 부덕 완전하셨네 / 幽貞婦德全

고명하신 부친의 가르침 받으시고서 / 早承名父敎

시집와서 어진 대부의 아내 되셨지요 / 歸配大夫賢

복록은 삼명을 받으셨건만 / 福祿膺三命

온갖 일로 비환 겪으셨지요 / 悲歡閱萬緣

황천에서 쌍검이 만날 것이니 / 泉臺會雙劍

고인을 그리며 모두 눈물집니다 / 存沒一潸然

간장은 왜 웅검을 소나무에 숨겼을까. 아마도 소나무가 늘 푸르기 때문에 숨긴 곳을 언제든지 확인할 수 있는 장점을 갖고 있었기 때문일지도 모른다. 소나무가 신화에 등장하려면 이 나무에 대한 인문학적인 가치와 의미를 부여해야만 가능하다. 중국의 소나무를 확인하는 데 가장 기본적인 자료는 『시경』이다. 『시경』에는 『시경 · 위풍(衛風) · 죽간(竹竿)』 · 『시경 · 정풍(鄭風) · 산유부소(山有扶蘇)』 · 『시경 · 소아(小雅) · 사간(斯干)』 · 『시경 · 소아(小雅) · 규변(頍弁)』(2회) · 『시경 · 노송(魯頌) · 비궁』 · 『시경 · 상송(商頌) · 은무(殷武)』 등 소나무가 7차례 등장한다. 아울러 『당시삼백수(唐詩三百首)』 중에서도 소나무가 25차례 등장한다.[119] 『시경』과 『당시삼백수』 중 소나무 관련 내용 중 일부를 살피면 다음과 같다. 우선 『시경 · 위풍 · 죽간』의 내용을 살펴보자.[120]

- 기수가 넘실거리고/淇水滺滺
  향나무로 만든 노이며 소나무 만든 배로다/檜楫松舟
  이것을 타고 놀면서/駕言出遊
  나의 근심 씻어보리라/以寫我憂

현재 하남성 북부 임주시(林州市)에 위치한 기수에 대해서는 북위 역도원(酈道元)의 『수경주(水經注)』에 자세하다.[121] 시의 내용은 기수에서 향나무로 만든 노와 소나무로 만든 배를 타면서 근심 걱정을 없애는 것이다. 위풍에 등장하는 배는 하남성에 살고 있는 소나무로 만들었을 것이다. 시에 등장하는 회(檜)는 중국에서 측백나뭇과의 늘푸른큰키나무 향나무를 의미하지만, 우리나라에서는 대부분 소나뭇과의 늘푸른큰키나무 전나무를 의미한다. 그러나 우리나라 번역본에는 회에 대한 오역이 적지 않다. 예컨대 우리나라 고전번역의 대가로 평가받고 있는 성백효의 번역본에는 '회'가 무슨 나무인지 번역하지 않고 그냥 '檜나무'로 번역했다. 아울러 성백효는 주자의 주 "회는 나무이름이며, 측백나무와 비슷하다"의 측백나무[柏]을 '잣나무'로 오역했다.[122] 이 같은 현상은 우리나라에서 '회'를 전나무로 이해하는 것과 마찬가지로 '백'을 '잣나무'로 이해하는 '문화변용' 사실을 잘 모르고 있기 때문이다. 『시경·정풍·산유부소』의 내용은 다음과 같다.[123]

- 산에는 우뚝한 소나무가 있고/山有橋松
  습지에는 너울거리는 홍초가 있거늘/隰有游龍
  자충을 만나지 못하고/不見子充
  마침내 교활한 아이를 만난단 말인가/乃見狡童

정풍(鄭風)은 서주시대 지금의 섬서성에 위치했다가 지금의 하남성으로 다시 옮긴 정나라에 대한 얘기다. 시에 등장하는 교송(橋松)은 교송(喬松)과 같은 의미이다. 교송의 '교'는 큰키나무를 의미하는 교목(喬木)을 뜻한다. 우리나라에서 교목의 기준은 10미터이지만, 시에서 교송을 어느 정도 높이의 소나무인지는 알 수 없다. 주자의 수에는 '교'를 나무가 위로 쑥 올라가고 가지가 없는 것으로 풀이했다. 다음은 『시경·소아·사간』의 내용이다.[124]

- 질서정연한 이 물가요/秩秩斯干
  그윽하고 그윽한 종남산이로다/幽幽南山
  대나무가 무성한듯하고/如竹苞矣
  소나무가 무성한듯하다/如松茂矣
  형과 아우가/兄及弟矣
  서로 좋아하고/式相好矣

서로 도모함이 없으리라/無相猶矣

이 시에서는 종남산(終南山)의 분위기를 엿볼 수 있다. 종남산은 섬서성 서안시 남쪽에 위치한 산이다. 종남산은 남산(南山) 혹은 태을산(太乙山)이라 부른다. 우리나라에서도 밀양시와 완주시에 종남산이 있다. 특히 종남산과 위수(渭水)는 장안(長安)의 남쪽과 북쪽에 있는 산과 강의 이름이기 때문에 우리나라에서 서울의 남산과 한강의 별칭으로 사용했다. 시에서 종남산에 소나무가 무성했다는 것을 알 수 있다. 아울러 우리나라 애국가에 등장하는 남산의 소나무를 연상할 수 있다. 『시경·소아·규변』의 내용은 다음과 같다.[125]

● 우뚝한 고깔이여/有頍者弁
실로 무엇인고/實維伊何
네 안주가 이미 아름다우니/爾殽旣嘉
어찌 다른 사람이리오/豈伊異人
형제이지 다른 사람이 아니로다/兄弟匪他
겨우살이와 댕댕이덩굴이/蔦與女蘿
소나무와 측백나무에 뻗었도다/施于松柏
군자를 보지 못한지라/未見君子
마음에 근심 크고 크더니/憂心奕奕
이미 군자를 만나보니/旣見君子
아마 기쁘리라/庶幾說懌

우뚝한 고깔이여/有頍者弁
실로 무엇인고/實維何期
네 술이 이미 맛있으며/爾酒旣旨

네 안주가 이미 좋으니/爾殽旣時

어찌 다른 사람이리오/豈伊異人

형제가 모두 왔도다/兄弟具來

겨우살이와 댕댕이덩굴이/蔦與女蘿

소나무 위에 뻗었도다/施于松上

군자를 보지 못한지라/未見君子

마음에 근심이 크고 크더니/憂心怲怲

이미 군자를 만나보니/旣見君子

좋은 일이 있으리라/庶幾有臧

『시경』의 소나무는 때론 독립적으로 등장하지만 때론 측백나무와 함께 등장한다. 『시경·노송·비궁』[126]에서도 소나무와 측백나무가 함께 등장한다.

조래산의 소나무와/ 徂來之松

신포의 측백나무를/ 新浦之柏

자르고 헤아리며/ 是斷是度

재고 자질하여/ 是尋是尺

소나무로 만든 서까래 크기도 하고/ 松桷有舃

정침(正寢)이 아주 크도다/ 路寢孔碩

새 사당이 아주 크니/ 新廟奕奕

공자 어(魚)가 지은 것이로다/ 奚斯所作

아주 길고 크니/ 孔曼且碩

뭇 백성의 기대에 따른 것이니라/ 萬民是若

위의 시는 소나무와 측백나무로 당시 제후의 집과 사당을 지었다는 내용이다. 집과 사당을 조성하는 데 사용한 소나무가 살고 있는 조래산(徂來山 ; 徂徠山)은 현재 산동성 태안시 동남에 위치한다. 『수경(水經) · 문수주(汶水注)』에 따르면, 산에 소나무와 측백나무가 많았다.[127] 조래산의 높이는 해발 1027미터이다. 소나무와 측백나무에 대한 기록은 『시경 · 상송 · 은무』에서도 등장한다.[128]

- 저 경산에 오르지/ 陟彼景山
  소나무와 측백나무가 곧고 곧거늘/ 松柏丸丸
  자르고 옮겨서/ 是斷是遷
  방정하게 깎아서 자르니/ 方斫是虔
  소나무로 만든 서까래가 길며/ 松桷有梴
  여러 기둥이 크기도 하니/ 旅楹有閑
  사당의 정침이 이루어져 아주 편안하도다/ 寢成孔安

『시경』에 등장하는 송백(松柏)은 소나무와 측백나무를 뜻한다. 그러나 우리나라 『시경』의 번역[129]에는 대부분 '백'을 잣나무로 번역하고 있다. 우리나라 자료의 경우는 때론 잣나무로 번역할 수 있지만, 중국의 자료에서는 반드시 측백나무로 번역해야 한다. 측백나무와 잣나무는 전혀 다른 종류의 나무이다. 중국의 경우 황하 유역에는 측백나무가 아주 많이 분포하고 있으며, 측백나무로 집을 짓는 사례는 아주 많다. 섬서성 황제릉 앞의 5,000살 측백나무, 하남성 숭양서원 내 4500살 측백나무는 중국의 측백나무 역사의 증거이다.

『논어 · 자한(子罕)』의 "날씨가 추운 뒤 소나무와 측백나무가 뒤에 시든다는 것을 안다/歲寒然後知松栢之後彫"는 구절[130]의 소나무와 측백나무는 『시경』의 사례를 계승한 것으로 볼 수 있다. 그러나 우리나라 번역본[131]의 경우 대부분 '백'을 잣나무로 번역하고 있다. 공자가 소나무와 측백나무를 언급할 수 있었던 이유는 『시경·노송·비궁』에서 보듯이 그가 살았던 노나라에 두 종류의 나무가 아주 흔했기 때문이다.

『시경』과 『논어』의 소나무에 대한 인식은 진나라에 이르러 다른 차원으로 바뀐다. 진시황제와 관련한 소나무 얘기는 나무를 인격체로 인식한 가장 이른 시기의 증거이다. 진시황제의 소나무 관련 얘기는 그가 지금의 산동성 태산(泰山)에 순수하는 과정에서 일어났다. 중국의 산신에 대한 믿음은 오악(五岳) 신앙에서 확인할 수 있다. 오악 신앙은 『서경(書經)·우서(虞書)·순전(舜典)』[132]에서 확인할 수 있다. 즉 2월에는 대종(岱宗: 泰山), 5월에는 남악(南岳: 衡山), 8월에는 서악(西岳:華山), 11월에 북악(北岳: 恒山)에 순수했다.

시황제가 태산에 순수한 것은 황제 즉위 3년(기원전 219)이었다. 그는 동쪽의 군현을 순시하고 추역산(鄒嶧山)에 올라 입석(立石)하고, 노나라 여러 유생과 의논해서 각석(刻石)하고 진나라의 덕을 칭송했으며, 산천의 제사에 관한 일을 의논했다. 그는 모든 준비를 마친 후 태산에 올라 입석하고 제사를 지냈다. 그런데 내려오는 도중에 풍우가 아주 세차서 나무 아래[樹下] 휴식했다. 이로 인해 그 나무를 '오대부(五大夫)'로 명했다.[134] 시황제가 태산에 올라 내려오다가 비를 만난 내용은 『사기·봉선서(封禪書)』에서도 언급하고 있지만, 오대부에 임명한 사실은 기록하지 않았다. 진시황제가 임명한 오대부는 당시 진나라의 20등작(等爵) 중 9등작에 해당한다. 9등작은 봉록 600석(石) 이상의 관리들에게 수여한 관작(官爵)이다. 600석은 6,000말에 해당하는 봉록이다. 우리나라의 경우 세조가 각각 정이품에 임명한 '보은 속리 정이품송'(正二品松, 천연기념물 제103호)과 정삼품 당상관에 임명한 '양평 용문사 은행나무'(천연기념물 제30호) 등은 나무에게 벼슬을 내린 사례이다.

현재 중국에서는 시황제가 나무에 벼슬을 내린 사실을 소나무로 인식하고 있다. 『사기』에는 '수' 혹은 '대수'만 기록하고 있지만 태산에는 소나무 앞에 『사기』의 내용을 적은 안내판이 있다. 중국 인터넷 사이트[135]에서도 오대부송(五大夫松)으로 소개하고 있다. 중국 사이트에 따르면, 이곳 소나무의 나이는 300살이다. 300살의 근거는 기존의 소나무가 죽은 후 옹정 8년(1730)에 흠차대신(欽差大臣) 정조보(丁皂保)가 심은 다섯 그루 소나무 중 살아 남은 두 그루를 기준으로 삼은 것이다. 오대부송 옆에는 건륭제와 곽말약(郭沫若)의 시를 세긴 각석(刻石)이 있다. 이처럼 중국에서 사료에 없는 소나무를 구체적으로 명시한 이유가 무엇인지 알 수 없지만, 천자의 무덤에 소나무를 심는 전통[136]과 무관하지 않을 것이다. 오대부송은 무덤에 심은 사례는 아니지만, 황제가 임명한 나무라는 점에서 소나무의 선택은 아주 자연스럽다. 소나무를 심은 사례는 『논어·팔일(八佾)』의 사직에 심은 나무에서도 찾을 수 있다. 예컨대 하후씨(夏后氏)는 소나무를, 은인(殷人)은 측백나무를, 주인(周人)은 밤나무를 각각 심었다. 주희는 하·은·주 삼대의 사직에 각각 다른 나무를 심은 까닭을 토질에 적당한 나무를 선택한 때문으로 해석했다.[137] 그런데 『논어』에서 언급한 '백'에 대해 우리나라에서는 대부분 '측백나무'가 아닌 '잣나무' 번역했다.[138] 중국에서는 서안의 병마용 앞에서 보듯이 현재 진시황제와 관련한 유적지에서도 소나무를 심었다.

소나무가 신화에 등장할 수 있는 또 다른 배경은 신령스러움이다. 『사기』「귀책열전(龜策列傳)」[139]에 등장하는 '천세지송(千歲之松)'은 소나무의 신령스러움에 대한 가장 이른 시기의 기록이다. "전(傳)에 따르면, 이른바 복령(伏靈)은 토사의 아래에 있고, 모양이 날아가는 새와 비슷하다. 이른바 복령은 '천세송근(千歲松根)'이다. 먹으면 죽지 않는다." 이처럼 소나무 뿌리에서 사는 복령은 불로장생의 식품이었다. 『본초강목』의 '송지(松脂)'에 대한 내용에서도 소나무의 신령스러운 인식을 확인할 수 있다. 송지는 중국 호남성에 위치한 형산(衡山)에서 나는 것이 아주 좋았다. 포박자는 노송(老松)의 껍질 속 자연적으로 형성된 송지를 가장 좋은 것으로 평가했다. 특히 뿌리 아래 쪽의 송지는 사람들의 눈에 띄지 않지만 가장 뛰어났다. 노송의 여기(餘氣)가 모인 것이 이른바 복령(茯苓)이며, 천년송지(千年松脂)가 변한 것이 호박(琥珀)이다.

『옥필기(玉筆記)』에 따르면, 천년송은 사방으로 가지를 뻗지만 가지 끝은 자라지 않아 엎은 듯하다. 엎은 모양 중 가장 정밀한 것은 청우(靑牛)·청양(靑羊)·청인(靑人)·복귀(伏龜)가 되며, 모두 천년을 산다.[140] 송지는 송고(松膏)·송방(松肪)·송교(松膠)·송향(松香)·역청(瀝靑)이라 부른다.[141] 장생(長生)의 상징 중 청우는 아주 익숙한 개념이다. 노자가 『도덕경(道德經)』을 지은 유래와 관련해서 청우가 등장한다. 『열선전(列仙傳)』에 따르면, 주나라가 쇠하자 노자가 청우가 끄는 수레를 타고 로마제국으로 들어가는 길에 함곡관을 지났는데, 함옥관의 관령(關令) 윤희(尹喜)가 기다렸다가 그를 맞이한 뒤 진인(眞人)임을 알아보고 글을 써달라고 한사코 부탁하자 노자가 『도덕경』상·하권을 지었다.[142] 송지에서 호박으로 변한 내용은 『식물명실도고장편(植物名實圖考長編)』[143]에서도 확인할 수 있다.

경북 청송군 홍원리 개오동 천연기념물

06

개오동을 벤 진나라 문공

삼국시대 조위(曹魏) 문제(文帝) 조비(曹丕, 187-226)의 작품 『열이전(列異傳)』에는 노특사(怒特祠)의 신화 속에 다음과 같은 개오동이 등장한다.[144)]

- 진(秦) 문공이 남산의 큰 개오동을 베게 했다. 그러나 나무를 내려쳐도 곧장 본 상태로 돌아가자 문공은 40여 명의 사람을 동원해서 도끼로 찍게 했지만 마찬가지였다. 그 중 한 사람이 다리를 다쳐서 나무 아래 누워 있다가 밤에 귀신과 나무가 말하는 것을 들었다. "진 문공이 나를 베게 하지만 나를 어찌할 수 있겠는가? 라고 하자, 귀신이 "붉은 재를 너에게 뿌리면 어떻게 될까?"라고 물었다. 그후 나무가 조용해졌다. 누워 있던 사람이 이 일을 아뢰자 문공은 병사들에게 모두 붉은 옷을 입게 하고 나무를 찍는 즉시 그 자리에 붉은 재를 뿌리도록 했다. 그러자 마침내 나무가 잘라지면서 푸른 소가 나오더니 물속으로 뛰어 들어갔다. 후에 진나라 사람들이 노특사(怒特祠)를 세웠다.

진 문공이 남산의 큰 개오동을 베게 했다는 내용은 문공 27년 조에 기록하고 있다.[145] 사마천이 이 사실을 기록한 것을 보면 큰 개오동을 벤 자체가 매우 중요하다는 것을 의미한다. 위의 신화를 기록한 이유 중 하나는 개오동이 신령스럽기 때문일 것이다. 개오동의 신령스러움은 '푸른 소' 즉 '청우(靑牛)'와 관련이 있다. 왜냐하면 신화에 나무가 갈라지면서 푸른 소가 나와 물속으로 들어갔기 때문이다. 청우와 개오동의 관계는 청우가 지닌 신령스러움 때문일 것이다. 노자가 함곡관을 지날 때 청우가 끄는 수레를 타고 간 신화에서 보듯, 청우는 신령스러운 자가 타고 가는 동물로 등장한다. 중국 한(漢)나라 방사(方士) 봉군달(封君達)은 청우사(靑牛師)라 불렀다. 그는 같은 방사인 감시(甘始)·동곽연연(東郭延年)과 더불어 100살 혹은 200살 정도 살았다. 반고의 『한무제내전』에 따르면, 봉군달은 농서(隴西: 현재 감숙성) 출신이며. 처음 황련(黃連)을 먹고 나이 50년을 연장하고 조거산(鳥擧山)에 들어갔으며, 수은(水銀)을 먹고 100여년을 더 살았다. 그 후 향리에 돌아오니 20대 청년과 같았다. 그는 항상 청우를 타고 다녔기 때문에 '청우도사(靑牛道士)'라 불렀다.[146]

우리나라에서도 청우를 신선으로 여긴 사례를 쉽게 찾아볼 있다. 그 중에서도 윤선도(尹善道, 1587-1671)의 「낚싯배 정축년(1637)/釣舟 丁丑」[147]과 송익필(宋翼弼, 1534-1599)의 「남악에서 놀다/遊南嶽」[148]에서 각각 확인할 수 있다.

「낚싯배 정축년(1637)/釣舟 丁丑」

긴 도롱이 짧은 삿갓에 푸른 소 걸터타고 / 長蓑短笠跨靑牛
소매로 연하 떨치며 깊은 산골 나오네 / 袖拂煙霞出洞幽
저녁부터 아침까지 무슨 일로 바쁘신지 / 暮去朝來何事役
창주에서 한가히 낚싯배로 노느라고 / 滄洲閑弄釣魚舟

「남악에서 놀다/遊南嶽」

풀 옷을 입은 사람 서넛이 모여 / 衣草人三四
풍진세상 밖에 나가 노닐었다네 / 於塵世外遊
골짝 깊어 꽃 피려는 뜻 게을렀고 / 洞深花意懶
산이 겹쳐 냇물 소리 그윽했네 / 山疊水聲幽
작은 산은 술잔 속의 그림이었고 / 斷嶽杯中畫
긴 바람은 소매 속의 가을이었네 / 長風袖裏秋
흰 구름이 바위틈서 일어날 때에 / 白雲巖下起
돌아오는 길에 푸른 소를 탔노라 / 歸路駕青牛

청우와 함께 붉은 재도 주목할 내용 중 하나이다. 개오동을 베는데 붉은 색을 사용한 이유는 이 색깔이 사악한 기운을 없앤다고 믿었기 때문이다. 동짓날 먹는 팥죽은 입춘 때 사대부 집에서 내거는 채색 깃발을 의미하는 춘번(春幡), 입춘에 채색 채찍으로 소를 채찍질하는 데 쓰는 청우(靑牛), 정월 초이렛날 머리에 하는 부인의 머리꾸미개를 의미하는 인승(人勝), 단오 날 악귀 축출용으로 만드는 쑥 묶음의 인형을 의미하는 애용(艾俑)과 더불어 중요한 풍속이었다. 붉은 색의 팥죽은 양기의 회생을 위하는 것이었다. 그런데 영조는 이 같은 풍속이 올바른 말을 듣고 올바른 일을 행하는 길이 아니라고 여겨 금지했다.[149]

개오동을 벤 후 진나라 사람들이 세운 노특사는 청우를 기리는 사당을 뜻한다. 그런데 『사기 · 진본기』에는 '풍대특(豊大特)'이라 언급했다. 동진(東晉)의 역사학자 서광(徐廣, 352-425)에 따르면, 그 이유는 노특사가 풍수(豐水)에 있었기 때문이었다. 노특사는 현재 감숙성의 무도(武都)에 있었다. 사당에는 큰 소를 그린 그림이 있었다.[150] 『수경주(水經注)』에서도 『열이전』의 내용을 통해 노특사를 소개하고 있다.[151] 우리나라의 『동국이상국집(東國李相國集)』에서 풍특대를 언급한

사례를 찾을 수 있다.[152)]

● **「동전(同前) 2수 이 두 편은, 박군이 다 방운(旁韻)을 사용했으므로 나도 그 운을 따랐다/同前 二首, 此二篇, 朴君皆押旁韻.故依韻」**

하늘은 어찌 퇴지를 궁하게 했던가 / 天胡窮退之
귀신 또한 나우를 비웃건만 / 鬼亦笑羅友
오자시는 구슬을 꿰놓은 듯하고 / 珠聯五字詩
천일주는 고래처럼 마시네 / 鯨吸千日酒
남쪽으로 노닐 적엔 풍대특(豐大特)과 맞닥뜨리고 / 南遊觸豐犧
바다에 떠서는 북두를 점검했으며 / 海泛占北斗
채찍 들어 습가지(習家池)로 나아갈 땐 / 擧鞭向習池
취한 모습에 아이들도 다 손뼉 쳤으리 / 醉任兒拍手
영주의 지초를 고요히 캐고 / 靜採瀛洲芝
연명(淵明)의 버들 마냥 읊었으며 / 狂吟彭澤柳
안목 높으니 미인도 추하게 여겨 / 眼高紅粉媸
고이 보내고 붙잡아 두지 않았으리 / 謝遣不留右
오마의 광채 눈부신데 / 五馬光陸離
그대 찾아 옷소매 잡고 / 訪君爲挽袖
황금 술잔 나누는 사이에 / 共倒黃金巵
하루 해가 다 졌으리니 / 晚色靄煙岫
그때 새로운 시 읊으면서 / 是時得新詞
미친 이 사람도 생각했었나 / 還憶狂生否
그대의 남행사 읽어 보니 / 覩君南行辭
그곳 강산도 다 예와 같구려 / 江山盡如舊

진나라 문공이 벤 개오동나무를 의미하는 '재(梓)'는 해석의 여지가 있는 나무이다. 우리나라 대부분의 사전이나 고전번역에서 '재'를 '가래나무'라 풀이하고 있다. 단지 김태욱의 『한국의 수목』에서는 개오동으로 표기했다. 그런데 가래나무와 개오동은 큰 차이가 있는 나무이다. 가래나무는 가래나뭇과 갈잎큰키나무이고, 개오동은 능소화과 갈잎큰키나무이다. 러시아의 식물학자 막시모비츠(Maximowicz, 1827-1891)가 붙인 가래나무의 학명(*Juglans mandshurica* Maxim.) 중 속명 '유글란스(*Juglans*)'는 '주피터'의 견과(堅果)를 의미하는 '요비스 글란스(Jovis glans)'에서 유래했다. 학명 중 종소명 '만드수리카(*mandshurica*)'는 가래나무의 원산지가 '만주'라는 뜻이다. 가래나무의 학명에서는 열매와 원산지를 강조했다. 가래나무의 한자 중 하나는 추(楸)이다. 그런데 '추'는 가래나무만이 아니라 개오동 혹은 호두나무를 풀이할 때도 있다. 가래나뭇과 갈잎큰키나무 호두나무도 가래나무와 무척 닮았다. 호두나무의 학명(*Juglans regia* L.) 중 속명은 가래나무의 속명과 같다. 간혹 경상도에서는 호두나무조차도 추자(楸子)라 부른다. 나무에 밝지 않은 분들은 가래나무와 호두나무를 정확하게 알 수 없다.

영국의 식물학자 던(G. Don, 1798-1856)이 붙인 개오동의 학명(*Catalpa ovata* G.Don) 중 속명 '카탈파(*Catalpa*)'는 '북아메리카 인디언의 토착어'이고, 종소명 '오바타(*ovata*)'는 '계란형'을 의미한다. 개오동 학명에서는 계란을 닮은 잎을 강조하고 있다. 개오동은 '가짜 오동'을 뜻한다. 그런데 오동(梧桐)나무는 개오동과 다른 현삼과 갈잎큰키나무(*Paulownia coreana* Uyeki)이다. 오동나무와 같은 과의 참오동나무[*Paulownia tomentosa* (Thunb.) Steud.]는 오동나무와 아주 닮아서 꽃 속을 보지 않으면 구분조차 어렵다. 개오동과 같은 과의 꽃개오동(*Catalpa bignonioides* Walter)도 있다. 그래서 개오동과 꽃개오동의 속명은 같다. 개오동와 꽃개오동의 중요한 특징 중 하나는 길게 늘어지는 열매이다.

'재'가 가래나무인지 개오동인지의 여부는 단순히 나무 종류의 차이가 아니라 역사와 문화의 이해에 큰 영향을 준다는 점에서 아주 중요하다. 왜냐하면 가래나무와 개오동의 차이에 따라 역사와 문화의 내용이 완전히 달라지기 때문이다. '재'가 어떤 나무인지를 확인하기 위해서는 우선 '재'의 용례를 검토해야 한다. '재'의 용례 중 대표적인 문헌은 『이아주소(爾雅註疏)』이다. 『이아주소』에는 재와 더불어 의, 추, 가 등이 등장한다. 『이아주소』의 경문(經文)에는 의와 재를 같은 나무로 보았고, 『이아주』에는 의와 재를 추로 보았으며, 『이아음의(爾雅音義)』에서 곽박도 추로 보았다.[153] 곽박은 의와 추는 열매만 다르다고 보았다. 『이아소(爾雅疏)』에서는 『시경 · 용풍(鄘風) · 정지방중(定之方中)』의 의(椅) · 동(桐) · 재(梓) · 칠(漆)을 소개하고 있다. 그런데 『이아주소』의 번역자는 의 · 동 · 재 · 칠을 의나무 · 오동나무 · 가래나무·옻나무로 번역했다.[154] 아울러 『이아소』에서는 『시경』의 내용을 육기(陸璣)의 『모씨초목조수충어소(毛氏草木鳥獸蟲魚疏)』에서 인용했다.[155] 즉 "재는 추 가운데 나무의 결이 성글고 색이 하얗고 열매를 맺는다. 재처럼 열매를 맺지만 껍질이 오동나무와 같은 것이 의이니, 크게는 비슷하지만 작게는 다른 것이다."

『시경』에 등장하는 '재'가 무슨 나무인지를 이해하기 위해서는 시의 내용을 살펴봐야 한다.[156]

● 정성(定星)이 제 자리에 빛날 때/定之方中
초궁을 짓네./作于楚宮
해 그림자로 헤아려/揆之以日
초구에 궁실을 짓네./作于楚室
개암나무 밤나무/樹之榛栗
의나무 오동나무 개오동 옻나무 심으니/椅桐梓漆
이것 베어 거문고와 비파를 만들었도다/爰伐琴瑟

시에 등장하는 나무의 중요한 특징은 악기를 만들었다는 사실이다. 물론 시대마다 나무의 쓰임은 다를 수 있지만, 나무의 특징은 다르지 않다는 점을 감안하면 나무의 용도는 나무의 본질을 이해하는 데 아주 중요하다.

『시경』의 내용과 관련해서 주자의 해석은 다르다. 주자의 해석은 조선후기 정약용의 둘째 아들 정학유(丁學游)의 『시명다식(詩名多識)』에서 확인할 수 있다. "나는(주자) 이렇게 생각한다. 『본초』 '재' 항목에는 여러 대가의 주와 소가 다르고 낱낱이 검사함이 부족하며, 여러 설명이 각각 서로 달라서 지금 모두 기록하지 않는다. 오직 이시진이 '재'에는 세 종류가 있다고 한 설명을 으뜸으로 삼음이 마땅하다. 이시진의 설명은 앞의 '의'항목에 있다."[157]

주자의 지적대로 중국의 경우도 '재'에 대한 해석은 아주 다양하다. 우리나라의 '재'에 대한 번역도 다양하다. 『시명다식』의 번역자는 '재'를 '노나무'라 번역했지만, 노나무가 무슨 나무인지조차 알 수 없다. 주자가 가장 신뢰한 이시진의 『본초강목』에서는 '재'를 목왕(木王)으로 풀이하고 있다.[158] 이시진이 '재'를 '목왕'이라 소개한 출처는 육전의 『비아』이다. 아울러 이시진은 목왕의 사례를 『서경(書經)·주서(周書)·재재(梓材)』와 재인명장(梓人名匠)에서 찾았다. 『서경·주서·재재』의 "재재를 만듦에 부지런히 나무를 다스리고 깎았으면 단청(丹靑)을 칠함과 같다"[159]는 내용은 '재'가 주자의 주에서 보듯 그릇을 만드는 데 사용한 나무였다. 재인명장은 '목수의 우두머리'를 뜻한다. 이 같은 뜻은 『맹자·등문공하(滕文公下)』[160]와 당나라 유종원(柳宗元)의 『재인전(梓人傳)』[161]에서 확인할 수 있다. '재인'이 '목수의 우두머리'를 뜻하는 이유는 조정에서 재궁(梓宮)을 명관(名棺)으로 삼았기 때문이다.[162] 재궁은 왕을 비롯한 왕가에서 사용한 관을 높인 말이다. 문제는 재궁이 무슨 나무인가이다.

'재'는 개오동을 뜻한다. 『연감유함』에서 인용한 『이아익(爾雅翼)』에 따르면, 개오동나무를 의미하는 한자는 재를 비롯해서 의(椅)·가(檟)·추(楸) 등이다.[163] 중국에서 간행한 『시경식물도감(詩經植物圖鑑)』에서도 '재'를 개오동으로 해석하고 있다.[164] 『시경·소아(小雅)·소변(小弁)』의 '재'도 개오동이다.[165] 그러나 번역자는 '추자나무'로 번역했다. 여기서 등장하는 개오동은 뽕나무 '상(桑)'과 더불어 '고향' 혹은 '향리'를 의미하는 '상재(桑梓)'의 출처 단어이다.

개오동의 특징은 목질이 가벼워서 가공이 쉽다는 점이다. 그래서 개오동은 『시경』에서 언급하고 있듯이 거문고와 비파를 만드는 데 사용했다. 개오동과 유사한 오동나무는 거문고의 몸통 중 아래 쪽은 밤나무를 사용하는 대신 현이 올라가는 위쪽에 사용한다. 그 이유는 몸통의 속이 비어 있어서 울림통 역할 때문이다. 특히 악기를 만들 때 몸통 아래쪽에 개오동을 사용하고 위쪽에 오동나무를 사용하면 가장 좋은 작품을 만들 수 있다. 이런 경우를 '동천재지(桐天梓地)'라 부른다.[166] 개오동은 중국의 북쪽 지역에서 아주 많은 심었다. 그 이유는 중 하나는 서적의 판목으로 사용했기 때문이다. 그래서 서적 간행을 '부재(付梓)'라 부른다.

오동나무와 관련해서 벽오동나뭇과의 갈잎큰키나무 벽오동나무[*Firmiana simplex* (L.) W.Wight]에 대해서도 주목할 필요가 있다. 왜냐하면 중국은 물론 우리나라에서 벽오동나무는 오동나무와 더불어 중요한 문화유산이기 때문이다. 벽오동나무는 오동나무와 다른 종류이지만 때론 같은 나무로 인식하는 사례가 적지 않다. 예컨대 봉황이 유일하게 앉는 나무로 오동나무를 일컫기도 하고 벽오동나무를 일컫기도 한다. 전통시대의 사람들은 오동나무와 벽오동을 엄격하게 구분하지 않았다. 오동나무와 벽오동나무는 상상의 동물 봉황이 유일하게 앉는다는 사실은 이들 나무가 상스러운 나무로 인식했다는 뜻이다. 이러한 예는 『이원』의 다음 글에서도 확인할 수 있다.[167]

- 구장(句章) 사람 오평(吳平)이 보았더니, 강소성 양주의 성문 앞에 갑자기 벽오동나무 한 그루가 자라고 그 위에서 노랫소리가 들렸는데, 오평이 싫어해 베어 죽였다. 오평은 군대를 따라 북정(北征)에 참여하느라 꼬박 3년이 걸렸는데 그 사이 죽은 벽오동나무가 홀연히 스스로 돌아와 옛 뿌리 위에 서 있었다. 또 나무 꼭대기의 공중에서 노래가 들려왔다.

"죽은 벽오동나무가 지금 다시 푸르러졌으니, 오평은 곧 틀림없이 돌아오리라. 이 나무를 죽였다고 들었는데, 이미 다시 광채가 생겨났네."

오평은 얼마 후에 귀신이 노래한 대로 다시 돌아왔다.

벽오동나무의 또 다른 이름은 창오(蒼梧)이다. 창오는 순임금이 묻힌 호남성 구의(九疑)이고, 무덤은 영릉(零陵)이다. 순임금 무덤에 대한 얘기는 『이원』에 기록되어 있다.[168)]

- 형양산(衡陽山)과 구의산에 모두 순임금의 사당이 있다. 매번 태수가 그곳을 수리해 정결하고 공손하게 제사를 모실 때마다 악기와 노랫소리가 들렸다. 한나라 장제(章帝: 재위 75-88) 때 영령군의 문학(文學) 해경(奚景)이 냉도현(冷道縣)의 사당 아래에서 백옥 관이 달린 생황을 얻었는데 그것은 순임금 때 서왕모가 바친 것이었다.

순임금이 남쪽을 순행하다가 죽은 후 이곳에 묻힌 사실은 『사기』권1 「오제본기(五帝本紀)」에서 확인할 수 있지만,[169)] 조선시대 문인들은 이 사실을 전적으로 믿지는 않았다. 창오와 관련한 또 다른 인물은 후한 말 삼국 초의 창오왕(蒼梧王) 사섭(士燮, 137-226)이다. 『이원』에 신령스러운 그의 무덤에 대한 얘기가 나온다.[170)]

부산시 금정구 범어사 대나무

07

폭죽에 놀라 겁먹은 도깨비 산조

중국 신화에는 기이한 짐승 모습을 띤 다양한 귀신과 도깨비가 등장한다. 그 중 하나가 산조(山臊)이다. 『신이경 · 서황경』에 다음과 같은 내용이 전한다.[171)]

- 서쪽의 깊은 산속에 사는 어떤 사람은 키가 1척 남짓인데, 웃통 벗은 몸으로 새우와 게를 잡으로 다닌다. 천성적으로 사람을 두려워하지 않아 사람을 보면 머물러 지낸다. 불에 새우와 게를 구워먹는 것을 좋아해서 사람이 없는 틈을 엿보다가 소금을 훔쳐와 새우와 게에 뿌려먹는다. 이름을 산조라 한다. 산조가 내는 소리는 크게 울부짖는 것과 같다. 사람들이 대나무를 불 속에 넣어 폭죽 소리를 냈더니 산조들이 모두 놀라 겁을 먹었다. 산조를 건드리는 사람은 오한(惡寒)과 신열(身熱)을 느낀다.

산조가 산에 산다는 것은 산조의 '산'에서 알 수 있다. 그가 산에서 새우와 게를 잡아 사람이 사용하는 소금을 훔쳐 먹는 것을 보면 사람과 별반 다르지 않는 삶이다. 산조가 사람을 겁내지 않는 점으로 보면 사람과 유사한 원숭이를 닮았을 것이다. 산조를 형상한 그림을 보면 마치 원숭이와 같다. 산조가 사는 깊은 산속도 그의 존재를 이해하는 데 도움을 준다. 원숭이들이 사는 곳이 곧 깊은 산속이기 때문이다.

산조의 특징 중 하나는 변신이다. 사람 모습을 하면서도 다른 모습을 띠는 것은 신화 속 괴물의 중요한 특징이다. 산조는 발이 하나인 '기(夔)'의 변형이다. '기'라는 글자 자체가 '외발'을 뜻한다. 기에 대해서는『국어(國語)·노어하(魯語下)』에서 확인할 수 있다.[172]

- 계평자의 아들인 상경 계환자가 집에 우물을 파고자 했다. 땅을 파던 중 술을 담거나 뜨는 토기인 토부(土缶)가 1점 출토되었다. 그 안에 양을 닮은 괴물이 한 마리 있었다. 사람을 공자(孔子)에게 보내 문의했다.
  "우리 집에 우물을 파던 중 땅 속에서 한 마리 살아 있는 개가 나왔소. 이게 무슨 일이오."
  "내가 아는 바로는 그것은 양입니다. 내가 듣건대 '산속의 괴물은 기와 망량(魍魎)이고, 물속의 괴물은 용과 망상(罔象)이고, 땅속의 괴물은 분양(羵羊)이라 한다'고 했습니다."

공자는 찾아온 사람이 거짓말하는 것까지 잘 알고 있었다. 외발의 기는『장자(莊子)·추수(秋水)』에 등장하는 동물이다. "발이 하나 뿐인 기는 노래기[蚿]를 부러워하고, 노래기는 뱀을 부러워하고, 뱀은 바람을 부러워하고, 바람은 눈[目]을 부러워하고, 눈은 마음을 부러워했다."[173]『산해경·대황동경(大荒東經)』에는 소를 닮은 기가 등장한다.[174]

- 동해 한 가운데 유파산(流波山)이 있는데 바다 쪽으로 7000리나 쑥 들어가 있다. 그

위에 소처럼 생긴 짐승이 있는데 푸른 몸빛에 뿔이 없고 외발이다. 이 짐승이 물 속을 드나들 때 반드시 비바람이 일며, 그 빛은 해와 달 같고, 소리는 우레와 같다. 이름을 기라고 한다. 황제(黃帝)가 이것을 잡아 그 가죽으로 북을 만들고 뇌수(雷獸)의 뼈로 두들기니 소리가 500리 밖까지 들려 천하를 놀라게 했다.

기-소-원숭이로 이어지는 괴물의 변신은 점점 인간의 삶과 가깝다. 기가 소의 모습을 띤 것과 중국 인문의 시조인 황제가 등장하는 것은 농경사회의 한 모습을 보여준다.

산조가 신령스러운 존재라는 사실은 그를 건드리는 사람은 오한과 신열을 느끼는 데서 알 수 있다. 그런데 신령스런 존재인 산조가 무서워한 것이 바로 폭죽이었다. 폭죽은 대나무를 태울 때 대나무의 마디가 터지면서 일어나는 소리이다. 그러나 대나무는 실제 나무의 종류가 아니라 맹종죽, 왕대, 오죽 등 전체를 일컫는 이름이다. 폭죽은 맹종죽이나 왕대와 같은 꽤 줄기가 굵은 종류에서 나올 수 있다. 중국의 전통시대 문헌 중 대나무와 관련한 자료는 아주 많다. 가장 대표적인 진(晉) 대개지(戴凱之)의 『죽보(竹譜)』에는 61종의 대나무를 소개하고 있고, 송대 승려 찬녕(贊寧)의 『순보(筍譜)』, 송말원초 이간(李衎(1244-1320)의 『죽보(竹譜)』 등이 있다. 조선시대 세종(世宗)의 넷째 아들인 임영대군(臨瀛大君) 이구(李璆)의 증손인 석양정(石陽正) 이정(李霆)의 죽화집(竹畫集)도 『죽보(竹譜)』이다.

중국은 세계에서도 대나무의 종류와 면적이 가장 많은 국가이다. 중국에서 대나무를 인공 재배한 시기와 지역은 지금부터 1만 년 전 양자강 중하류와 주강유역이다. 북방의 경우는 기원전 6080-5600년 경 섬서성 서안 반파유적(半坡遺跡)에서 출토된 유물과 기원전 2800-2300년 경 산동성 용산문화 유적지에서 출토된 죽탄(竹炭) 및 도기(陶器)에서 확인할 수 있다. 그 외에도 여러 곳에서 대나무 유적과 유물이 확인되었다.[175]

대나무는 대개지의 『죽보』에서 언급하고 있듯, 나무도 풀도 아니라고 평가한다. 대나무에 대한 이러한 표현은 윤선도의 '오우가(五友歌)'에서도 찾아볼 수 있다. 그러나 식물학적으로 대나무는 나무가 아니라 풀이다. 왜냐하면 대나무에게는 나무와 풀을 구분하는 절대 기준인 '리그닌', 즉 목질소가 없기 때문이다. 그래서 대나무는 죽순의 크기에서 굵기가 정해져 자라면서 줄기가 굵어지지 않는다. 대나무를 의미하는 한자는 아주 많지만, 『이아』에 따르면, 흔히 대나무를 의미하는 '죽'은 줄기가 굵은 '탕(簜)', 즉 왕대를 의미한다.[176] 『이아』에는 대나무를 나무가 아닌 풀에서, 『본초강목』에서도 나무가 아닌 복령처럼 균류에 해당하는 항목에서, 청대 서정(徐鼎)의 『모시명물도설(毛詩名物圖說)』에서도 풀 항목에서 언급하고 있다.

대나무의 삶과 관련해서 사람들이 관심을 갖는 부분 중 하나가 대나무의 꽃이다. 대나무의 꽃에 대해서는 100년 만에 꽃이 핀다거나 꽃이 피면 시절이 좋지 않다는 등의 얘기가 돌아다닌다. 대나무가 꽃을 피우는 이유는 뿌리로 번식할 수 없을 때 후손을 남기기 위해서이다. 식물의 본능은 후손을 남기는 것이다. 따라서 후손을 남기지 못할 상황이면 꽃을 피운 후 죽는다. 그러나 대나무가 언제 꽃을 피울지는 대나무의 조건에 따라 달라서 몇 년 만에 핀다고 말할 수 없다. 한 그루의 대나무가 꽃을 피우면 옆의 나무도 전염되어 꽃을 피워 집단으로 죽음에 이를 수 있다. 이러한 문제를 해결하는 방법은 꽃을 피운 나무의 뿌리를 자르는 것이다. 중국에서는 대나무의 열매를 먹기도 했다. 이 같은 사실은 『이원』에서 만날 수 있다.[177]

- 서진(西晉) 혜제(惠帝) 원강(元康) 2년(292) 파서군(巴西郡)의 경계에서 대나무가 꽃을 피웠는데, 자주색이었다. 그 열매는 보리처럼 생겼는데, 껍질은 푸른색이고 속은 적백색이었는 데, 맛이 아주 달았다.

『이원』의 내용은 실제 대나무 열매 모양이나 맛과는 다르지만, 열매가 아주 신비스럽다는 것을 강조하기 위한 묘사이다. 그런데 중국인들은 대나무의 연리지에 대해서는 불길하다고 여겼다. 이 같은 예는 『이원』에 기록되어 있다.[178]

- 유송(劉宋) 원가(元嘉) 4년(427) 동양군(東陽郡) 유도선(流道先)의 집 안에 있던 근죽(筋竹) 숲에서 난데없이 줄기가 연결된 연리죽(連理竹)이 자랐다. 시골 사람들은 그 이유를 알지 못하고 화의 조짐이라 여겨 그것을 베어 죽이려했다.

위의 신화는 일반 나무의 연리지는 사랑의 상징으로 여기고 있지만 대나무의 연리지는 나쁜 이미지를 갖고 있다는 것을 보여주는 좋은 사례이다.

전남 담양군 죽녹원 대나무

08

대나무에서 탄생한 죽왕

중국 남서부에 위치한 사천성과 귀주성은 대나무가 많이 자라는 곳이다. 사천성의 지명 중 덕양시 서북에 위치한 면죽(綿竹), 동부에 위치한 대죽(大竹), 대죽현의 죽양진(竹陽鎭) 등은 모두 대나무가 많아서 생긴 것이다. 동진의 상거(常璩)가 편찬한 『화양국지(華陽國志)』는 사천의 역사, 지리, 인물 등을 이해하는 데 아주 중요한 사료이다. 화양은 사천성 쌍류현(雙流縣) 동남에 위치하고 있고, 오악 중 서악에 해당하는 화산(華山)의 남쪽에 위치해서 붙인 이름이다. 음양사상에서 산은 남쪽이 '양', 강은 북쪽이 '양'이다. 『화양국지』권4, 「남중지(南中志)」에 죽왕에 대한 얘기가 기록되어 있다.[179]

- 죽왕은 둔수(遯水)에서 일어났다. 어떤 여자가 물가에서 빨래를 하고 있었다. 그런데 마디가 세 개인 큰 대나무[大竹]가 여자의 발 사이로 흘러오더니 밀어내도 가지 않았다. 그 때 아기 울음소리가 들려 여자는 그 대나무를 가지고 집으로 돌아와 쪼개었더

니 한 명의 남자 아기가 나왔다. 그 아이가 자라서 재능과 무예를 갖춰 이적(夷狄)의 우두머리가 되었다. 씨는 죽을 성으로 삼고, 쪼갠 대나무는 들판에 숲을 이루었는데 지금 죽왕사(竹王祠)의 대숲이다. 한번은 왕이 시종을 거느리고 큰 바위에 머물렀는데, 국을 끓이라고 하자, 시종이 "물이 없습니다"라고 했다. 왕이 칼로 바위를 내리치자 물이 나왔는데, 지금의 죽왕수(竹王水)이다. 깨진 바위가 남아 있다.

죽왕 탄생 신화는 기본적으로 중국 고대 신화에서 나타나는 감생신화(感生神話)와 맞닿아 있다. 이 같은 사례는 주나라의 건국 선조인 후직(后稷)의 탄생에서 확인할 수 있다. 『사기 · 주본기(周本紀)』[180]에 따르면, 유태씨(有邰氏)의 여자이자 제곡(帝嚳)의 원비(元妃)인 강원(姜原)이 들에 나가 거인의 발자국을 보고 마음으로 기분이 좋아 밟으니 임신했다. 1년이 지나 아들을 낳으니 상스럽지 않다고 여겨 길에 버렸지만, 소와 말이 지나면서 꺼려 밟지 않았으며, 숲에 두려했지만 마침 사람들이 많아서 다른 곳에 옮겨 얼음 위에 버리자 새들이 날아와서 아기를 따뜻하게 돌보았다. 강원은 신비스럽게 여겨 아들을 거두어 길렀는데 처음 버리려고 한 것에 따라 이름을 '기(棄)'라 했다. 대나무에서 사람이 탄생한 신화는 『이원』의 아래 내용에서도 확인할 수 있다.[181]

- 한나라 건안(建安) 연간(年間, 196-220) 왕대가 있었는데, 그 마디 속에 키가 1척쯤이고, 머리와 다리가 모두 달려 있는 사람이 들어 있었다.

죽왕 탄생 신화의 내용 중 또 하나 주목할 것은 그가 이족의 우두머리라는 점이다. 이는 죽왕이 한족이 아니라는 사실을 의미하고, 그가 대나무를 숭배하는 소수민족의 우두머리라는 사실을 암시한다. 그런데 그가 주나라 때 확립된 '씨'와 '성'을 사용하고 있다는 사실도 주목의 대상이다. 왜냐하면 그가 씨와 성을 사용했다는 것은 소수민족이 주나라의 문화에 편입되었다는 사실을 뜻하기 때문이다. 이는 죽왕 신화의 저자가 주나라 중심의 신화를 창조했다는 뜻이기도 하다.

죽왕의 탄생 신화에 대해서는 『후한서(後漢書) · 남만서남이열전(南蠻西南夷列傳) · 야랑(夜郎)』[182]에서도 간략하게 전하고 있다. 죽왕 탄생 신화를 남만의 남이열전에 소개한 이유는 이 신화가 남만의 이야기라는 사실을 의미한다. 그런데 죽왕 탄생 신화는 조선시대 조수삼(趙秀三, 1762-1849)의 「죽지사(竹枝詞)」[183]에서도 만날 수 있다. 『후한서 · 남만서남이열전 · 야랑』의 '야랑'은 죽왕이 장성해서 야랑현의 아랑후(夜郎侯)가 되었다는 내용 때문에 붙인 제목이다. 『술이기』[184]에는 야랑후가 한나라 무제 원정(元鼎) 6년(기원전 111)서남쪽의 오랑캐를 정벌하여 상가군(牂牁郡)으로 삼을 때 항복했다. 무제는 그에게 옥인수(玉印綬)를 하사했으며, 뒷날 그가 죽자 사람들이 그를 위해 사당을 세웠다. 지금 야랑현에 있는 죽왕신(竹王神)이 바로 그것이다. 죽왕을 모신 사당 죽왕사(竹王祠)는 현재 귀주성 복천현(福泉縣)에 있다.

죽왕의 탄생은 대나무가 지닌 특성과 무관하지 않다. 중국에는 사천성과 귀주성만이 아니라 호남지역에서도 대나무 숲이 아주 많다. 그중에서도 호남성 동정호 군산(君山)의 소상반죽(瀟湘斑竹)은 중국에서 대나무의 인문생태의 주인공으로 유명하다. 왜냐하면 소상반죽, 즉 호남성의 '소강과 상강의 무늬 대나무'는 순임금의 두 부인이자 요임금의 두 딸인 여영(女英)과 아황(娥黃)이 남편인 순임금이 창오(蒼梧)에서 죽자 따라 죽으면서 흘린 피로 생긴 나무이기 때문이다. 『박물지』에서 소상반죽의 유래를 알 수 있다.[185]

- 동정호의 군산에 요의 두 딸이며 동시에 순의 두 왕비였던 두 여자가 살았다. 이들을 상부인(湘夫人)이라 불렀다. 순임금이 죽고 나자 두 왕비는 울다가 눈물이 대나무에 흩뿌려졌다. 그 때문에 그 대나무에는 모두 반점이 생겼다.

대나무의 줄기에 무늬가 있는 반죽은 이후 곧 열녀 혹은 충신의 상징으로 등장했다. 반죽의 이미지 계승은 송나라 역원구(易元矩)의 「반죽(斑竹)」[186]에서 확인할 수 있다.

- 이별한 우임금의 비 떠난뒤 돌아오지 않으니/ 一別虞妃去不還
  근심스레 부질없이 구의산만 껴않고 있네/愁云空鎖九嶷山
  세상에 많은 상상루/世間多少相思淚
  대나무 숲에 뿌려 물들여도 윤나지 않네/洒遍修篁染不斑

소상반죽의 주인공인 두 비는 우리나라 '춘향가'를 비롯해 조선시대 문집에도 등장한다. 그중 최립(崔岦, 1539~1612)의 「오죽(烏竹)」[187]에서 확인할 수 있다.

- **「오죽(烏竹)」**

  대나무 몇 그루 의의에서 옮겨 온 듯 / 種出猗猗竹數竿
  세간에서 보기 드문 오죽일세 / 世間殊品是烏斑
  도성 먼지 찌들려 까맣게 물들었으리요 / 不應京國緇塵化
  상강의 슬픈 눈물 말라붙었음이로다 / 眞作湘靈苦淚乾
  눈발 속의 푸른빛 음기도 참담하지 않고 / 冒雪靑靑陰未慘
  여름에도 써늘해라 비 오는듯한 대 바람 소리 / 含風瀝瀝夏猶寒
  양주 학의 행운이 인생에 실제로 있다 해도 / 人生果有楊州鶴
  대나무만 길이 대한다면 좋은 벼슬도 돌려주리 / 長對此君還好官

시의 '차군'은 대나무의 별칭이다. 차군은 중국 동진의 왕희지(王羲之)의 아들 왕휘지(王徽之)가 만든 용어이다. 그는 빈집에 잠시 머물 때도 대나무를 심었다. 그러자 사람들이 그 이유를 묻자, “어떻게 하루라도 차군 없이 지낼 수 있겠는가?/何可一日無此君邪”[188]라고 대답했다. 최립이 오죽을 읊으면서 소상반죽을 언급한 이유는 아마도 우리나라에는 반죽이 없었기 때문일 것이다. 강원도 강릉의 오죽헌에서 보듯이 우리나라의 오죽은 절개만이 아니라 열녀를 상징하는 나무이다. 그래서 우리나라 기념공간에서 오죽을 흔히 만날 수 있다.

우리나라에서도 대나무에 얽힌 얘기는 넘친다. 그 이유는 대나무가 ‘사군자(四君子)’ 중 하나이기도 하지만, 중국처럼 대나무가 삶 속에 깊이 자리 잡고 있었기 때문이다. 중국과 우리나라에서 대나무는 곡물처럼 돈을 마련하는 데 중요한 역할을 담당했다. 그래서 대나무 숲을 소나무의 송전(松田)와 대추나무의 조전(棗田), 닥나무의 저전(楮田), 옻나무의 칠전(漆田)처럼 죽전(竹田)이라 불렀다. 대나무가 얼마나 중요한지는 죽전이 소나무, 닥나무, 옻나무 등과 함께 공부(貢賦)의 대상이었다[189]는 사실에서 알 수 있다. 대나무가 재산 증식의 중요한 대상이었던 사례는 중국에서 찾아볼 수 있다. 이 같은 사실은 중국의 문헌만이 아니라 조선사대 차천로(車天輅, 1556-1615)의 아래 시에서도 엿볼 수 있다.[190]

● **「봄바람이 불 때에 돌아와서 대를 잘라 낚싯대를 만들리라, 월과이다/ 歸及春風斬釣竿 月課」**

그 당시에 내 손수 대나무를 심은 것은 / 當時手種碧琅玕
겨울에도 변함없는 곧은 줄기 좋아서지 / 爲愛貞枝歷歲寒
흰 열매는 앞으로 봉황이 먹을 거고 / 練實會看威鳳食
깊은 뿌린 용처럼 서리게 될 것일세 / 深根却許老龍蟠
위천 사람 천호를 봉해 줘도 소용없고 / 渭川不用封千戶
빨래할 때 만 개를 쪼갤 필요 없었지 / 浣水寧須斬萬竿
봄철을 기다려서 길고 가는 감 고르면 / 直待三春搜篧篧

태공반에 낚싯대를 드리울 수 있다네 / 可能垂釣太公磻

시에서 언급한 "위천 사람 천호를 봉해 줘도 소용없고"는 『사기』에서 언급한 섬서성 위천 사람들이 죽순을 따서 판 소득이 천호후(千戶侯)와 맞먹어서 천호후조차 바라지 않는다는 뜻이다. 이는 중국 한나라 때 대나무 밭을 조성해서 엄청난 부를 축적했다는 뜻이다.

대나무로 만든 피리를 불면 쳐들어 왔던 적군도 물러나고, 질병도 가뭄도, 폭풍도 사라진다는 만만파파식적(萬萬波波息笛), 즉 만파식적에 얽힌 얘기,[191] 신라 제48대 경문대왕의 '당나귀 귀' 관련 얘기[192] 등은 우리나라에서도 고대부터 대나무가 사람들의 일상에 깊이 자리 잡고 있었다는 것을 보여준다. 특히 고려시대 목은 이색(李穡, 1328-1396)의 아버지 가정(稼亭) 이곡(李穀, 1298-1351)의 가전체 소설 『죽부인전(竹夫人傳)』[193]은 대나무를 인문생태로 바라본 최고의 작품이다. 이 작품 속에서도 '차군'을 언급하고 있을 뿐 아니라, 대나무에 대한 중요한 정보를 제공하고 있다. 일부만 소개하면 다음과 같다.

부인의 성은 죽(竹)이요, 이름은 빙(憑)이다. 위빈(渭濱) 사람 운(篔)의 딸로, 계보는 창랑씨(蒼筤氏)에서 나왔다. 그의 선조는 음률을 알았으므로 황제(黃帝)가 발탁하여 음악을 관장하게 하였는데, 우순(虞舜) 시대의 소(簫)도 바로 그의 후손이다. 창랑씨가 곤륜산(崑崙山) 북쪽에서 진방(震方;동방)으로 이주했는데, 복희씨(伏羲氏) 시대에 이르러 위씨(韋氏)와 함께 문적(文籍)을 주관하여 크게 공을 세웠다. 자손들도 모두 가업을 지키면서 대대로 사관의 역할을 수행했다. 진(秦)나라가 포학하게 굴면서 이사(李斯)의 계책을 채용하여 서책을 불사르고 유자들을 산 채로 구덩이에 묻어 죽인 뒤부터 창랑씨의 후손도 차츰 쇠미해졌다.

그러다가 한(漢)나라 때에 와서 채륜(蔡倫)의 가객(家客) 중에 저생(楮生)이란 자가 자못 글을 배워서 붓을 가지고 때때로 죽씨(竹氏)와 어울려 노닐었다. 그러나 그 사람됨

이 경박한 데다가 점차로 젖어들 듯한 참소를 잘했는데, 죽씨의 강직한 성격을 미워한 나머지 남모르게 좀먹고 헐어서 마침내는 그 직임을 탈취했다.

주(周)나라의 간(竿 낚싯대)도 죽씨의 후손이다. 태공망(太公望)과 함께 위수(渭水) 가에서 낚시질을 하였는데, 태공이 갈고랑이를 만드는 것을 보고는 간이 말하기를 "내가 듣건대 큰 낚시질을 할 때에는 갈고랑이 없이 한다고 했다. 작은 것을 낚느냐 큰 것을 낚느냐 하는 것은 꼬부라진 갈고리를 매다느냐 매달지 않느냐에 달려 있다. 갈고리 없는 낚시를 해야만 나라를 낚을 수 있지, 갈고리 있는 낚시를 하면 고작 물고기나 잡을 뿐이다."라고 하니, 태공이 따랐다. 그 뒤에 과연 태공이 문왕(文王)의 스승이 되어 제나라에 봉해졌는데, 간을 유능하다고 천거하여 위수 가 즉 위빈(渭濱)을 식읍으로 삼게 했다. 이것이 바로 죽씨가 위빈에서 일어나게 된 유래이다.

지금도 그곳에 거하는 자손이 여전히 많으니, 예컨대 임(箖)ㆍ어(箊)ㆍ군(箘)ㆍ정(筳) 등이 바로 그들이다. 그리고 양주(楊州)로 옮긴 자들은 소(篠)와 탕(簜)이라고 칭해지고, 호중(胡中)으로 들어간 자들은 봉(篷)이라고 칭해진다. 죽씨는 대개 재능 면에서 문(文)과 무(武)의 두 갈래로 분류되는데, 대대로 변(籩)ㆍ궤(簋)ㆍ생(笙)ㆍ우(竽) 등 예악에 쓰이는 것부터 짐승을 쏘고 물고기를 잡는 미세한 도구에 이르기까지, 모두 전적에 실려 있어서 분명히 알 수가 있다. 그런데 다만 감(篏)의 경우만은 성품이 우둔하기 그지없어서 속이 꽉 막혀 아무것도 배우지 못한 채 생을 마쳤다.

운(篔)의 시대에 와서는 숨어 살면서 벼슬길에 나서지 않았다. 그에게 동생 하나가 있어서 이름을 당(簹)이라고 했는데, 형과 더불어 이름을 나란히 했다. 속을 텅 비우고 자신을 바르게 유지하며 왕자유(王子猷:왕휘지)와 친하게 지내니, 자유가 "하루도 차군(此君) 없이는 지낼 수가 없다."라고 했으므로 차군이 그대로 그의 호가 되었다. 대저 자유는 단정한 사람이니, 자기의 벗도 반드시 단정한 사람을 취했을 것이다. 그러고 보면 그의 품격이 어떠했을지 짐작할 만하다.

『신이경』에서 소개하고 있는 남쪽 변경에 사는 체죽(涕竹)은 길이가 수백 장이고, 둘레는 3장 6척이며, 두께는 8-9치였다. 체죽은 배를 만들 수 있었으며, 죽순은 매우 맛이 좋아 삶아서 먹으면 부스럼을 낫게 할 수 있었다.[194) 『신이경』의 대나무 관련 내용은 크기만 과장이지 쓰임은 사실 그대로이다. 『신선전』에는 비장방(費長房)이 대나무 지팡이로 날아다니는 내용이 등장한다.[195) 이처럼 대나무에 얽힌 다양한 얘기는 그만큼 대나무의 가치가 높았다는 것을 의미한다.

전북 부안군 뽕밭

09

황아가 뽕밭에서 낳은 궁상씨

고대사회에서 뽕밭은 가장 좋은 연애장소였다. '임도 보고 뽕도 따고'는 뽕밭이 연애 장소라는 사실을 알려주는 속담이다. 뽕밭이 연애 장소로 각광을 받을 수밖에 없었던 이유는 자유연애가 쉽지 않아 만날 수 있는 장소 뽕밭이 가장 좋았기 때문이다. 특히 고대사회에서는 여자가 밖으로 나갈 수 있는 기회는 물을 긷기 위해 공동 우물에 가는 것과 옷을 씻기 위해 빨래터에 가는 것 외에는 거의 없었다. 그 중 우물가는 물을 긷는 사람도 적지 않을 뿐 아니라 누구나 볼 수 있는 공간이기 때문에 남자들이 접근하기도 어렵고 연애하는 것도 거의 불가능했다. 다만 뽕밭은 여러 여자가 가는 것도 아닐뿐더러 무성한 뽕잎 때문에 다른 사람들의 눈을 쉽게 피할 수 있었다. 뽕밭에서 연애한 가장 이른 시기의 문헌은 중국의 『시경 · 국풍 · 용(鄘) · 상중(桑中)』이다.[196]

● 새삼 캐기를/ 爰采唐矣

매읍의 시골에서 하도다/ 沫之鄕矣
누구를 그리워하는고/ 云誰之思
아름다운 맹강이로다/ 美孟姜矣。
나와 뽕밭에서 만나기로 했으며/ 期我乎桑中
나를 상궁에서 맞이했고/要我乎上宮
나를 기수 가에서 전송했다네/ 送我乎淇之上矣

이에 보리 베길/ 爰采麥矣
매읍의 북쪽에서 하도다/ 沫之北矣
누구를 그리워하는고/ 云誰之思
아름다운 맹익이로다/ 美孟弋矣
나와 뽕밭에서 만나기로 했으니/ 期我乎桑中
나를 상궁에서 맞이했고/要我乎上宮
나를 기수 가에서 전송했다네/ 送我乎淇之上矣

이에 순무 캐기를/ 爰采葑矣
매읍의 동쪽에서 하도다/ 沫之東矣
누구를 그리워하는고/ 云誰之思
아름다운 맹용이로다/ 美孟庸矣
나와 뽕밭에서 만나기로 했으니/ 期我乎桑中
나를 상궁에서 맞이했고/要我乎上宮
나를 기수 가에서 전송했다네/ 送我乎淇之上矣

『시경』에는 뽕나무와 더불어 새삼, 보리, 순무 등 여러 종류의 식물이 등장한다. 『시경』에 등장하는 식물은 시의 내용을 이해하는데 아주 중요하다. 왜냐하면 식물은 계절을 알려줄 뿐 아니라 당시 사람들의 식생활을 이해할 수 있기 때문이다. 따라서 『시경』은 중국고대의 식물백과사전이다. 『시경』에 등장하는 기수(淇水)는 하남성에 위치한 황하의 지류이다. 『시경』의 지명과 식물은 당시 남녀가 언제, 어디에서 연애했는지를 알려주는 중요한 정보이다. 『시경』에 등장하는 뽕밭은 기수와 가까운 곳에 있었다. 뽕나무는 물가에서도 잘 자라는 나무이다.

뽕밭이 남녀 간 연애에 활용된 또 다른 사례는 중국의 악부 중 하나인 「맥상상(陌上桑)」이다. '길가의 뽕나무'라는 뜻의 「맥상상」은 중국 전국시대 조(趙)나라의 수도 한단(邯鄲 : 하북성)에 살았던 미녀 진나부(秦羅敷)와 조나라 왕에 대한 얘기다. 나부는 어느 날 뽕밭에서 뽕잎을 따고 있었다. 그런데 나부의 남편인 왕인(王仁)이 모시고 있는 조왕(趙王)이 뽕잎을 따고 있는 그녀의 모습을 본 후 겁탈하려 했다. 그녀는 즉시 「맥상상」이라는 노래를 지어 불러 그의 청을 거절했다. 뒷날 악부(樂府) 형식인 「맥상상」은 많은 사람들이 즐겨 인용했다. 우리나라에서도 성현(成俔, 1439-1504)의 『허백당풍아록(虛白堂風雅錄)』에서 같은 제목으로 실려 있다.[197)]

- 봄바람 부는 밭두둑에 어린 뽕잎 돋아나자 / 春風陌上多稚桑
  꾀꼬리가 벗을 불러 새봄을 맞이하네. / 新鶯喚友迎新陽
  진씨네 집 아가씨는 맑고 예쁜 눈매에다 / 秦家女兒婉淸揚
  노을빛의 저고리는 난초 사향 향기로세. / 霞綃小衫蘭麝香
  가지 당겨 잎을 뜯는 손이 마치 옥 같은데 / 攀條擷葉手如玉
  아침 내내 따고 따도 한 줌도 채 안 되네. / 采采終朝不盈掬
  사람 향해 배시시 한 번 곱게 웃으면서 / 向人嬌笑一嫣然
  대 위에서 뚫어지게 보고 있는 줄 모르네. / 不知臺上已注目
  왕랑에게 시집와서 변치 않길 맹세하니 / 王郎結髮誓匪虧
  나의 생각 산처럼 옮길 수가 없기에. / 妾意如山不可移

난초 혜초 간직한 채 혼자서 슬퍼하다 / 匿蘭含蕙獨惨愴
아쟁으로 다함없는 노래를 쏟아내네. / 箏中寫盡無窮詞
향기롭고 곧은 정조 짝할 이가 없으니 / 芳操貞苦世無倫
〈백주〉 시 이후로는 한 사람뿐이로세. / 柏舟以後惟一人
그대 보지 못했는가! 칠국의 유세객들 / 君不見七國遊說士
아침에는 원수였다 저녁에는 신하 된걸. / 朝爲仇敵暮君臣

뽕밭은 남녀 간의 사랑이 이루어지는 곳이기도 했지만, 신령스러운 사람이 태어난 곳이기도 했다. 『습유기』에는 뽕밭에서 낳은 소호(少昊), 즉 궁상씨의 신화가 실려 있다.[198)]

- 소호는 금덕(金德)으로 왕이 되었다. 어머니 황아(皇娥)가 선궁(璇宮)에 살고 있었는데, 밤에는 베를 짜고, 낮에는 작은 뗏목을 타고 물가에서 놀았다. 그녀가 뽕밭 아득한 나루터를 지나는 중에 아주 잘 생긴 신동(神童)이 한 명 나타났다. 그는 백제(白帝)의 아들인 태백(太白)의 정령으로 자주 물가로 내려와 황아와 즐거운 시간을 가졌다. 때로는 멋진 음악에 빠져들어 돌가는 것도 잊어버리곤 했다.
  서해안에 뽕밭이 있는데 어느 뽕나무는 높이가 32척이고, 잎은 빨갛고 오디는 자줏빛으로 만 년에 한 번 열매를 맺는다. 그것을 따 먹으면 하늘처럼 산다.
  백제의 아들과 황아가 바다에서 놀 때 계수나무 돛대를 만들고 띠로 깃대를 엮고 돛대 끝에 비둘기를 매달아 예쁘게 꾸몄다. 이 비둘기는 사계절의 기후를 알려주는 것으로 『춘추전(春秋傳)』에 나오는 '사지(司至)'와 같다. 요즘 상풍(相風)도 여기서 비롯되었다. 백제 아들은 황아 곁에 앉아 오동나무와 개오동나무로 만든 거문고를 튕기고 그 거문고에 기대어 청아한 음성으로 노래한다.(……)
  사람들은 놀고 즐기는 곳을 뽕밭이라 표현한다. 『시경·위풍』 '뽕밭에서 나와 만나요'에서 뽕밭도 이런 의미로 쓰였다. 백제 아들이 화답송을 부른다.(……)

황아가 소호를 낳으니 뽕나무의 이름을 따서 그를 궁상씨(窮桑氏) 혹은 상구씨(桑丘氏)라 했다. 육국(六國)시대에 음양서(陰陽書)를 지은 상구자(桑丘子)가 그의 후손이다. 소호는 서방의 주인으로 금천씨(金天氏)나 금궁씨(金窮氏)라고도 한다. 다섯 마리의 봉황이 각 방향의 색에 따라 소호의 뜰로 모여들고 그를 '봉조씨(鳳鳥氏)'라 한다. 산에서는 금이 울고 땅에서는 은이 솟구치는데 거북이나 뱀 같기도 하고 언뜻 보면 귀신같기도 하다. 굽이굽이 흐르는 물살은 용이나 봉황 같고, 구불구불한 산세도 굽은 용 같아서 용산(龍山)이나 귀산(龜山), 봉수(鳳水)라고도 한다. 성씨로는 후손인 용구씨가 반고(班固)의 『예문지』에 있고, 사구씨(蛇丘氏)가 『서왕모신이전(西王母神異傳)』에 나온다.

『습유기』에 나오는 뽕밭의 위치는 『시경』의 뽕밭 위치와 크게 다르지 않다. 신화에 등장하는 뽕나무는 상상초월의 크기다. 게다가 잎도 실제 뽕나무 잎과 다르며, 열매는 1만 년 만에 맺는다는 내용이 신화답다. 열매의 효능에 대한 얘기도 흥미롭다. 1만 년 만에 열리는 오디를 먹으면 하늘처럼 산다는 것은 곧 영원히 죽지 않고 산다는 뜻이다. 삼국시대 유비가 오디를 구황식품으로 사용한 『이원』의 사례[199]도 오디의 효능을 이해하는 데 도움을 준다.

● 한나라 흥평(興平) 원년(194) 9월에 뽕나무에서 오디가 두 번 열렸다. 당시 유현덕, 즉 유비가 패현(沛縣)에 주둔하고 있었는데 흉년에 곡식이 귀해서 병사와 백성이 모두 굶주리자 그것을 따서 양식으로 삼았다.

뽕나무의 열매 오디는 좋은 의미로만 남아 있는 것은 아니다. 동진(東晉) 왕융(王戎)의 오디 꿈은 오디에 대한 좋지 못한 사례이다.[200]

동진 태원(太元) 연간(年間, 376-396) 태원 사람 왕융이 울림태수(鬱林太守)로 있을 때 신정(新亭)에 배를 정박했는데, 잠을 자다가 꿈속에서 어떤 사람이 오디

7개를 그에게 주자 그것을 품속에 넣어 두었다. 왕융은 깨어난 뒤에 품속에서 오디를 찾았는데, 점쟁이가 말했다.

"오디는 상자(桑子), 즉 뽕나무의 열매입니다."

그 후 왕융은 크고 작은 아들 딸 7명을 잃었다.

왕융이 7명의 자녀를 잃은 이유는 '상자(桑子)'가 '상자(喪子)'와 발음이 같았기 때문이었다. 이러한 사례는 인간이 뽕나무와 관련해서 다양하게 해석하고 있다는 것을 잘 보여주고 있다.

신화의 내용 중 황아가 백제의 아들과 연애하고 있는 내용도 흥미를 끈다. 왜냐하면 백제의 '백'과 소호가 금덕으로 왕이 된 점, 소호가 서방의 주인이자 금천씨가 된 점 등은 모두 음양오행 사상과 맞닿아 있기 때문이다. 백제와 태백의 '백'과 '금'은 음양오행사상에서 모두 서쪽을 상징한다. 진나라에서 백제에게 제사를 지낸 것도 진나라가 서쪽에서 일어났기 때문이다. 그러나 진나라를 멸망시킨 한나라는 붉은 색을 숭상했다. 그 이유는 한나라를 세운 유방이 적제(赤帝)의 아들이었기 때문이다. 그래서 한나라는 기치(旗幟)를 비롯한 국가의 의식에 모두 적색을 사용했다. 한나라 고조가 밤중에 취해서 길을 가다가 큰 뱀 한 마리를 죽인 이야기도 뱀이 곧 백제의 아들이기 때문이다.

소호와 봉조, 즉 봉황과 관련한 내용은 그가 곧 최고의 위치에 있다는 뜻이다. 왜냐하면 봉황은 곧 상스러운 동물을 상징하기 때문이다. 용과 거북의 등장도 봉황과 같은 의미를 갖는다. 소호에 대한 이러한 표현은 그에게 붙일 수 있는 모든 것을 총동원한 셈이다. 이는 그만큼 소호가 위대한 인물이라는 뜻이다. 여기서 중요한 것은 소호가 뽕밭에서 탄생한 사실이다. 소호 신화에서 뽕나무와 더불어 주목할 나무는 오동나무[桐]와 개오동나무[梓]로 만든 거문고의 등장이다.

현재 우리나라에는 고대부터 뽕나무를 재배했지만, 나이가 아주 많은 뽕나무가 많지 않다. 그 중에서도 천연기념물로 지정된 뽕나무는 서울 '창덕궁 뽕나무', 경북 상주시 '두곡리 뽕나무', '강원도 정선의 뽕나무' 등이 있다. 나이가 많은 뽕나무의 중요한 특징은 줄기의 모습이다. 나무의 줄기에서 연륜을 느낄 수 있다.

중국 복건성 무이산 멀구슬나무

10

멀구슬나무 잎을 무서워한 교룡

인간이 무서워하는 것은 많지만, 교룡(蛟龍)도 그중 하나이다. 교룡은 인간의 삶에 적잖이 해를 끼치는 동물이다. 유경숙의 『이원』에도 활로 교룡을 죽인 자가 비병횡사한 얘기가 전한다.[201] 교룡의 좋지 못한 이미지는 멱라수에 투신 지살한 전국시대 초나라 굴원(屈原, 기원전 343? - 278?)을 기리는 의식에서도 등장한다. 교룡도 인간이 만든 상상의 동물이지만, 상상의 내용은 긴 역사를 갖고 있을 뿐 아니라 아주 구체적으로 남아 있다. 이는 그만큼 인간이 교룡에 대해 깊이 생각하고 일상에서 영향을 많이 받았다는 뜻이다. 교룡은 '룡'에서 보듯이 용의 일종이다. 『설문(說文)』에 따르면, '교'는 물고기인데 3600일이 지나 성장한 것이고, 물에서 날아오르면 '교'로 변한다.[202]

중국 북방에서는 '교'를 지루(地螻)라 불렀다.[203] 흔히 '땅강아지'로 풀이하는 '루'는 『산해경』의 '토루(土螻)'와 같다.[204] "서남쪽 400 리에 가면 천제가 하계에 도읍한 곤륜구(昆侖丘)가 있는데, 신(神) 육오(陸吾)가 다스리고 있다. 이 신의 형상은 호랑이의 몸에 아홉 개의 꼬리, 사람의 얼굴에 호랑이 발톱을 하고 있는 데 하늘의 아홉 구역의 경계와 천 정원의 사계절을 주관하고 있다. 이곳의 어떤 짐승은 생김새가 양 같은 데 네 개의 뿔이 있다. 이름을 '토루'라 하며, 사람을 잡아먹는다." 이처럼 교룡은 사람을 잡아먹을 만큼 인간에게 위협적인 존재였다.

중국의 단오절은 굴원의 죽음을 기리는 행사이다. 이 같은 행사는 절강성 안길(安吉) 출신의 남조(南朝) 양나라 오균(吳均, 469-520)의 『속제해기(續齊諧記)』에 자세하다.[205)]

- 굴원이 5월 5일 멱라수(汨羅水)에 몸을 던지자 초나라 사람들이 슬퍼했다. 이날이 되면 대나무에 쌀을 채워 강에 던져서 굴원을 제사지냈다. 후한 광무제 건무(建武) 연간(25-55)에 장사(長沙)의 구곡(區曲)이 갑자기 어떤 선비를 보았는데, 그는 자신이 삼려대부(三閭大夫)라고 하면서 구곡에게 말했다. "듣건대 그대가 제사를 지낸다고 하는데 아주 좋소, 그런데 해마다 교룡이 훔쳐가니 올해에도 은혜를 베푼다면 꼭 멀구슬나무의 잎[楝葉]으로 그 위를 막고서 채색 실[彩絲]로 묶도록 하오. 이 두 가지 물건은 교룡이 무서워하는 것이오." 구곡은 그 말대로 했다. 오늘날 5월 5일에 종자(粽子)를 만들어 멀구슬나무의 잎과 오색실로 싸는 것은 바로 여기서 전해진 풍습이다.

굴원이 투신자살한 멱라수는 호남성 동북부에 위치한 상강의 지류이다. 특히 멱라수는 호남성 최고의 담수호이자 중국 3대 담수호인 동정호(洞庭湖)와 인접하고 있다. 250킬로미터에 이르는 멱라수의 어원은 2개이다.[206)] 하나는 『사기·굴원가생열전(屈原賈生列傳)』에 따른 것이다. 즉 돌을 끌어안고 마침내 멱라에 자살했다. 이에 대한 해석에서 멱수(汨水)는 '라'에 있다. 그래서 '멱라'라 한다. 다른 하나는 『독사방여기요(讀史方輿紀要)』에 따른 것이다. 즉 장사부 상음현의 멱라강은 근원이 강서성 영주(寧州)의 백산(栢山)에서 나와서 악주부(岳州府) 평강현(平江縣)으로 흘러 현의 경계에 이르러 두 갈래로 나누어진다. 하나는 서남으로 흘러 '멱'이라 부르고, 다른 하나는 서쪽 고라성(古羅城)으로 흘러 '나수(羅水)'라 부르며, 다시 꺾어 북으로 나가 굴담(屈潭)에 이르러 다시 합한다. 그래서 '멱라'라 부른다. 『이원』에 따르면, 굴원을 위해 세운 사당 옆 너럭바위에 말 발자국이 있었다. 굴원이 강물에 몸을 던지던 날 흰 준마를 타고 왔다고 한다.[207]

멱라수는 굴원의 투신자살로 중국의 그 어떤 곳보다 유명세를 떨치고 있다. 게다가 굴원을 기리는 행사인 단오절이 지금까지 이어지고 있으니 멱라수의 명성은 유구한 역사를 갖고 있다. 특히 멱라수는 근처 동정호 군산의 순임금 두 부인과 관련한 고사까지 더하면 더욱 빛나는 이름이다. 멱라수는 단오절 때문에 더욱 유명세를 떨치고 있다. 심지어 우리나라에서도 중국의 단오절을 기억하고 있을 정도였다. 이 같은 사례는 이곡의 아래 시에서 확인할 수 있다.[208]

● **「내일이 단오 명절이라 다시 앞의 운을 써서 시를 짓다/明日端午,復用前韻」**

병들어 신음하느라 봄도 그냥 보내다가 / 爲緣抱病失靑春
오늘 따라 흥이 나며 마음이 들썩이네 / 便覺今朝興有神
언제 각서의 맛을 못 본 적이 있었는가 / 角黍何曾負此腹
채사도 나의 몸을 묶을 줄 잘 아는 듯 / 綵絲如解繫吾身
자식을 키우지 못하게 한 정곽의 의심도 풀렸고 / 遠嫌靖郭妨生子
영균(굴원)은 아직도 감동시키며 해마다 사랑받는다네 / 每愛靈均尙感人
지금은 바로 하나의 음이 다시 용사하는 때 / 正是一陰還用事
천기는 그동안 몇 번이나 새로 작동했던가 / 天機衮衮幾回新

시의 내용 중 각서(角黍)는 『속제해기』에서 언급한 쌀을 넣어 멀구슬나무 잎으로 싸서 찐 '종'을 뜻한다. 각서는 현재 중국에서 말하는 종자(粽子)의 모양이 뿔[각] 같아서 붙인 이름이다. 각서의 '서'는 기장을 뜻한다. 문제는 기장과 『속제해기』에서 언급한 '쌀[米]'의 관계이다. 중국 고대사회에서 '미(米)'는 현재 우리나라에서 말하는 '쌀'만을 의미하지 않는다. 기장을 비롯한 곡물의 알맹이를 '쌀'이라 불렀다. 그래서 『속제해기』에서 언급한 '쌀'도 반드시 현재 우리나라에서 말하는 벼의 껍질을 벗긴 '쌀'이 아니라 기장의 쌀을 의미할 가능성이 높다. 기장의 껍질 벗긴 것을 '서미(黍米)' 혹은 '황미(黃米)'라 부른다.

조선 세종 때 우리나라와 중국의 역사 가운데 정치인의 거울이 될 만한 사실을 뽑아 엮은 『치평요람(治平要覽)』 중 남송(南宋)의 이도(李燾, 1115-1184)가 편찬한 『속자치통감장편(續資治通鑑長編)』의 내용에도 다음과 같이 각서에 얽힌 얘기를 소개하고 있다.[209)]

- 어사중승(御史中丞) 유온수(劉温叟)가 성정이 중후하고 방정했으며 계모(繼母)를 섬길 때 효성이 소문났다. 오대(五代) 이래로 옛것을 좋아하여 예절을 고수하는 사람을 말할 적에 유온수를 제일 먼저 손꼽았다. 개봉부윤(開封府尹) 조광의(趙光義)가 유온수가 청렴하다는 말을 듣고 어느 날 관리로 하여금 돈 50만 냥을 싸 가지고 가 그에게 주자, 유온수가 감히 거절하지 못하고 청사의 서쪽 집에 넣어두고 그 관리로 하여금 봉하도록 한 다음 갔다. 그 이듬해 단오(端午)에 조광의가 다시 각서(角黍)와 환선(紈扇)을 보냈는데, 보낸 관리는 전에 돈을 주어 보낸 관리였다. 그가 서쪽 집에 봉해 놓은 것을 보니, 옛날 그대로 있었다. 그 관리가 돌아와서 그 사실을 아뢰자, 조광의가 말하기를, "내가 보낸 선물도 받지 않은데, 더구나 다른 사람이야 더 말할 것이 있겠는가?"라고 하고 다시 개봉부로 실어오라고 명했다.

각서는 각반(角飯)이라 부르기도 한다. 우리나라에서도 중국의 단오절에 멱라수에 각반을 던지는 풍속에 대해 잘 알고 있었다. 차천로의 시에서 확인할 수 있다.[210)]

● 「대통에 밥을 담아 물에 던진 것에 대해 대신 지은 것이다/飯筒投水 代人」

천년토록 회사한 굴원 충성 개탄하니 / 千載懷沙惜屈忠
해마다 초의 풍속 천중절에 느껴웠지 / 年年楚俗感天中
부주 타고 앞다투어 상수에 다다라서 / 鳧舟競渡臨湘水
대통에 각반 담아 너나없이 던지었지 / 角飯爭投置竹筒
어느 곳에 묵은 뿌리 난초가 돋아나나 / 何處蘭蘅生舊草
지금도 실 잎에서 그 유풍을 느끼겠네 / 至今絲葉尙遺風
구가를 강풍 향해 부르고 싶었지만 / 九歌欲向江楓唱
원숭이 울음소리 간장 타서 한 끝없네 / 聲斷哀猿恨不窮

굴원의 죽음과 제사에서 유래한 중국의 단오절은 우리나라와는 달랐다. 중국과 조선의 단오절 차이에 대해서는 노인(魯認, 1566-1622)의 『금계일기(錦溪日記)』 5월 1일 기사에서 확인할 수 있다. 『금계일기』는 임진왜란에 참여했던 의병 노인이 왜국에 포로로 잡혀갔다가 탈출하여 귀국할 때까지의 일을 기록한 일기이다. 아래의 내용은 노인이 중국의 아문과 나눈 얘기이다.[211]

● 맑음. 아객(衙客)이 말하기를,

"오늘이 곧 단오(端午) 명절이라, 대강(大江) 황하수(黃河水) 이남의 오(吳)·초(楚)·민(閩)·광(廣)·사천(四川)·운남(雲南) 등지의 풍속에, 모두들 굴원(屈原)을 위하여, 곳곳의 강·호수·못에서는 5월 1일부터 다 같이 경도선(競渡船)을 타고서 각반(角飯)을 던지고 죽지곡(竹枝曲)을 부르면서 주야로 놀며 잔치하니, 그 가절(佳節)의 기관(奇觀)이 이보다 더 성대함이 없습니다. 그러므로 각 아문(衙門)의 대인·소인·귀인·천인과 각 영문(營門)의 여러 장사와 온 성 안의 노소 및 학교의 학생들이, 혹은 성 위로 오르고, 혹은 높다란 언덕으로 올라가 서로 다투어 가경을 즐기는데, 전

후좌우에 어깨가 부딪히고 발자취가 잇대었으니 천하의 기이한 광경입니다. 귀국에도 이런 일이 있는지 없는지 모르겠습니다."

나는 대답하기를,

"천 리(千里)만 떨어져도 민풍(民風)이 다르고, 백리(百里)만 멀어도 풍속이 다릅니다. 우리나라에는 죽지곡과 같은 원통한 노래는 없습니다. 다만 전횡(田横)의 5백 의사(義士)를 위하여 혹 노래를 짓기도 하고, 혹 아름다운 장편의 시구를 짓기도 하여, 군문(軍門)에서 대장이 병졸들을 음식 먹이고 위로할 때 장사들로 하여금 노래를 부르게 해서 사기를 돋우는 일은 있습니다. 그리고 단오절에는 방방곡곡에서 다만 그네뛰기를 합니다."라고 했다.

이에 아객은, "그네는 3월 답청일(踏青日)에 하는 것이오."

위의 일기에서 중국이 1900년 동안 굴원을 기리는 단오절 행사를 치렀다는 것을 알 수 있다. 게다가 아문의 설명에서 단오절에 대한 대단한 자부심까지 느낄 수 있다. 노인의 대답에서 중국의 단오절과 우리나라의 단오절이 분명히 다르다는 것도 알 수 있다. 당시 명나라 아문이 언급한 '답청일'은 3월 삼짇날이며, 들에 새로 돋아나는 풀을 밟으며 즐긴다는 의미이다. 중국에서는 답청일에 그네를 타지만 우리나라에서는 단오절에 그네를 탔다. 답청일은 봄빛이 완연해서 나들이에 아주 좋은 날이다. 퇴계 이황의 사상을 계승한 대산(大山) 이상정(李象靖, 1711~1781)은 답청일에 서당에 나아갔고,[212] 이황은 도산서당에 가서 진달래꽃, 살구꽃, 매실나무 꽃을 감상했다.[213]

단오절 행사 중 '각서' 혹은 '각반'은 아주 중요한 위치를 차지하지만, 각반을 감싸는 멀구슬나무의 잎과 채색의 실은 더욱 중요하다. 왜냐하면 두 가지가 곧 굴원이 각서를 먹을 수 있도록 하는 데 결정적인 역할을 했기 때문이다. 그렇다면 교룡이 먹을 수 없도록 한 멀구슬나무의 잎과 채색의 실이 지닌 의미가 무엇인지를 이해할 필요가 있다. 그러나 현재 중국이나 대만 등지에서 만드는 각서인 쫑즈(粽子)는 주로 대나무 잎을 사용한다.

멀구슬나뭇과 갈잎큰키나무 멀구슬나무를 의미하는 한자는 '연(楝)' 혹은 고련(苦楝)이다. 멀구슬나무는 같은 과(科)의 참죽나무의 잎과 닮았고, 열매는 멀구슬나무가 무환자나무 목(目)이라서 무환자나무를 닮았다. 린네가 붙인 멀구슬나무의 학명(*Melia azedarach* L.) 중 속명 '멜리아(*Melia*)'는 물푸레나무의 그리스어이고, 종소명 '아제다라크(*azedarach*)'는 원산지가 아랍이라는 뜻이다. 멀구슬나무는 우리나라의 경우 주로 제주도와 경남, 전라도 지역을 제외한 곳에서는 쉽게 만날 수 없지만, 중국에서는 쾌 인기 높은 나무였다. 우리나라에서 가장 나이가 많은 전북 고창군의 '고창 교촌리 멀구슬나무'(천연기념물 제503호)는 200살 정도이다. 나는 멀구슬나무를 중국 복건성 무이구곡 중 1곡에서 만났으며, 우리나라에서는 전남 송광사와 김해시 김해도서관 앞에서 만났다.

멀구슬나무는 열매가 구슬을 닮아서 붙인 이름이다. 그래서 멀구슬나무의 누렇게 익은 열매를 '금령(金鈴)'이라 부른다. 중국에서는 5월 5일에 잎을 따서 간직하고 다니면 나쁜 기운을 쫓는다고 믿었다.[214] 중국의 단오절에 각서를 멀구슬나무의 잎으로 싼 이유도 바로 잎이 지닌 약효 때문이었다. 아울러 암수딴그루 멀구슬나무의 붉은 색 뿌리는 독성이 있다. 그래서 멀구슬나무는 가축의 구충제로 사용했다.

멀구슬나무의 위상은 소나무, 오동나무, 전나무, 녹나무 등과 대등한 목재의 가치[215] 때문이기도 하지만 무엇보다도 이른바 '이십사번풍신(二十四番風信)' 중 멀구슬나무가 포함되기 때문이다. '이십사번풍신'은 8번의 절기에 절기마다 3개의 꽃소식, 즉 화신(花信)을 설정한 것이다. 하나의 절기(節氣)마다 3개의 화신을 설정한 방식은 24절기와 72후를 뜻하는 기후와 같은 것이다. 24절기는 12달을 15일 간격으로 절기를 설정하고, 각 절기를 다시 5일 간격으로 살핀 방식이다.

'이십사번풍신'은 송나라 주휘(周煇)의 『청파잡지(清波雜志)』[216]에서 보듯이 강남의 초봄부터 초여름까지의 꽃소식을 뜻한다. 이십사번풍신은 다음과 같다.

- 소한 : 매화, 동백, 수선

  대한 : 서향, 난초꽃, 노린재나무

  입춘 : 영춘화. 앵두꽃, 옥란

  우수 : 유채꽃, 살구꽃, 자두꽃

  경칩 : 복사꽃, 황매화, 장미

  춘분 : 해당화, 배꽃, 목련

  청명 : 오동나무꽃, 보리꽃, 버드나무꽃

  곡우 : 모란, 찔레꽃. 멀구슬나무꽃

이십사번풍신의 처음은 매화이고 마지막은 멀구슬나무이다. 우리나라에서도 관련 시가 적지 않은 점으로 보아 중국의 이십사번풍신에 대해 큰 관심을 가졌다. 멀구슬나무와 관련한 시 중 이수광(李睟光, 1563-1628)의 시[217]와 김윤식(金允植, 1835-1922)의 시[218]를 들 수 있다

- **「나그네 심사/客意」**

역로 가 수양버들 녹음이 막 비끼는데 / 驛邊楊柳綠初斜

쓸쓸한 봄경치에 고향집을 몹시 그린다오 / 春色凄凄苦憶家

나그네 심사는 계절의 변화에 언제나 놀라고 / 客意尋常驚節序

시인 마음은 세월의 무상함에 감회가 깊어라 / 詩情多少感年華

두세 방울 떨어지는 빗물은 유협을 적시고 / 兩三點雨濕楡莢

이십사번 꽃소식 바람은 연화에 불어오네 / 廿四番風吹楝花

길에 서서 저 밭가는 늙은이를 부러워하니 / 臨路羨他耕野叟

한 쟁기로도 분수 따라 생애가 넉넉하구나 / 一犁隨分足生涯

「또 율시 한 수를 읊다/又賦一律」

서원에 가득 찼던 봄 순식간에 사라졌으니 / 西園春事轉頭空
물처럼 흘러가는 세월을 어찌 할 수 있으랴 / 無那光陰逝水同
바닷가엔 집집마다 느릅나무 비가 내리고 / 海堧千家楡莢雨
객창엔 하루 종일 연화풍이 부네 / 客窓一日楝花風
사해를 경영할 일 아직 끝이 없는데 / 經綸四海還無外
백 년을 돌아보니 벌써 중간을 향하고 있네 / 點檢百年已向中
술 있는 좋은 밤에 그대 가지 마오 / 有酒良宵君莫去
시정 다 하지 않았건만 물시계 소리 똑똑 / 詩愁不盡漏丁東

중국에서는 음양오행 사상에 따라 달마다 해당 나무를 설정하는 풍습이 있었다. 이러한 풍습은 한나라 회남왕 유안의 『회남자』에 자세하다.[219] 멀구슬나무는 7월의 나무이다.

굴원은 중국문학사에 길이 빛나는 인물 중 한 사람이다. 그는 초나라 회왕(懷王) 때 좌도(左徒)를 역임했다. 그는 회왕 때 큰 신임을 얻었다. 그러나 그는 회왕의 아들 양왕(襄王) 때에 이르러 참소를 받아 무척 어려운 처지에 놓였다. 그는 『이소경(離騷經)』을 지어 신임을 회복하고자 했으나 결국 뜻을 이루지 못했다. 굴원은 자신이 난초처럼 깨끗하다는 것을 증명하기 위해 멱라수에 투신자살했다.[200]

굴원이 남긴 작품 중에서 가장 유명한 것은 『이소경』이다. 『이소경』은 시경과 쌍벽을 이룰 만큼 유명하다. 『이소경』의 '이소'는 '근심에 걸리다'를 뜻하고, 자신의 심경을 잘 드러낸 제목이다. 『이소경』에 따르면,[221] 굴원은 난초를 아홉 원

(畹)이나 심었다. 이런 연유로 중국에서는 굴원을 12월 중 1월을 상징하는 난초꽃에 비유했다.

현재 굴원이 중국에서 어느 정도 평가를 받고 있는지를 알려주는 것이 바로 굴자사(屈子祠)이다. 굴원을 모신 굴자사는 현재 두 곳이다. 하나는 그가 투신자살한 호남성 멱라시 멱라강 변 옥사산록(玉笥山麓)에 위치하고, 다른 하나는 호남 장사의 악록서원 내에 위치한다. 멱라시에 위치한 굴자사는 한나라 때 세웠지만 현재의 건물은 청나라 건륭 때 중건한 것이다. 악록서원의 굴자사는 악록서원 건립 때 만든 것이다. 굴자사에는 굴원의 초상과 더불어 그의 작품을 돌에 새겨놓았다. 굴원의 무덤은 굴자사 근처에 있지만 여러 무덤 중 어느 것이 굴원의 묘인지 알 수 없다. 나는 꽤 오래 전 비가 억수같이 내리는 겨울에 멱라 강변의 굴자사와 그의 묘소를 찾았다. 내가 이곳을 찾은 날, 비가 온 탓인지 방문객은 아무도 없었다. 악록서원의 굴자사도 같은 해 방문했다.

경북 칠곡군 동명면 유둥지 백양나무(은사시나무)

11

백양 가지로 저포를 만든 귀신

버드나뭇과 갈잎큰키나무 버드나무는 물과 밀접한 관련이 있다. 버드나무의 학명(*Salix pierotii* Miq.) 중 속명 '살릭스(*Salix*)'는 '가깝다'를 의미하는 켈트어 '살(sal)'과 '물'을 의미하는 '리스(lis)'의 합성어다. 이는 이 나무가 물에 잘 자란다는 것을 의미한다. 학명 중 종소명 '피에로티(*pierotii*)'는 채집가 피에로(Pierot)를 뜻한다. 버드나무는 학명 중 속명에서 보듯 버드나무 속의 '살릭스'와 사시나무 속의 '포푸루스(Populus)'로 나눈다. 전자는 주로 북반구 온대에 살고, 우리나라에는 약 300종이 있다. 후자도 주로 북반구 온대에 살고, 우리나라에는 약 40종이 있다. 중국에서는 버드나무를 물가는 물론 가로수로 심었다. 송대에 이르러 버드나무를 본격적으로 가로수로 심었지만, 그 전에도 가로수로 심었다. 『한서(漢書)·서역전(西域傳)·선선국조(鄯善國條)』에 따르면, 버드나무는 타클라마칸 사막 동쪽 누란국의 성스러운 나무였다.[222] 주몽의 어머니 '유화(柳花)'부인이 물의 신 하백(河伯)의 딸이라는 점도 이 나무를 신령스럽게 생각했기 때문이다. 만주족에게 버드나무는 천지개벽 및 인간 창조의 여신으로 숭배하고 있다. 이 지역의 모든 신은 여성이다. 만주지역의 최초 신인 아부카허허의 아부카는 하늘, 허허는 여인이지만 여자 성기와 버드나무를 의미한다. 만주족에게 버드나무는 하늘의 일과 땅을 일에 통달한 하늘나무였다. 흉노족은 매년 용성에서 버드나무 가지를 세워 만든 제단에서 제사를 지냈다. 이 같은 풍속은 이곳에 버드나무가 많이 살고 있었기 때문에 생긴 것이다. 특히 버드나무는 큰키나무이기 때문에 하늘에 오를 수 있는 나무로 인식되었던 것이다. 신화에서 떨기나무가 거의 등장하지 않는 이유도 인간이 숭상하는 하늘과 만날 수 있는 조건을 갖추고 있지 못했기 때문이다.

버드나무는 '버들'로 줄여 부른다. 버드나무를 나타내는 한자는 크게 두 가지다. 하나는 류(柳)이고, 다른 하나는 양(楊)이다. 두 한자는 글자는 다르지만 뜻은 버드나무를 의미한다. 때론 양은 능수버들을, 류는 능수버들을 제외한 버드나무를 의미한다는 주장도 있지만 꼭 그렇지 않다. 오히려 한자 류가 능수버들을 의미할 때도 있다. 따라서 류와 양은 엄격하게 구분하기 어렵다. 오히려 류와 양을 동시에 사용한 예가 적지 않다. 우리나라에 버드나무[楊柳]에 대한 최초의 기록은 『삼국사기』 백제 무왕 35년(634) 춘삼월 "궁궐의 남쪽에 못을 파고 20여 리 물을 끌어 사방의 언덕에 양류를 심고 물 가운데 방장신선을 모방한 섬을 만들었다"[223]는 내용이다.

버드나무의 특징은 강인한 생명력이다. 이 나무의 강인한 생명력을 상징하는 말이 중국 명나라 때 이시진이 편찬한 『본초강목(本草綱目)』의 "양류는 세로로 두든 가로로 두든 거꾸로 꽂든 바로 꽂든 모두 산다"[224]라는 구절에서 알 수 있다. 그래서 이별할 때 버들가지를 꺾어 주었던 것도 버드나무처럼 죽지 말고 살아오라는 뜻을 담고 있다. 이러한 사례는 최경창(崔慶昌, 1539-1583)의 「절양류(折楊柳)」에서 확인할 수 있다.[225]

● 「절양류/折楊柳」

버들가지를 꺾어서 천 리 머나먼 님에게 부치오니/折楊柳寄與千里人

뜰 앞에다 심어두소서 날인가 여기소서/爲我試向庭前種

하룻밤 지나면 새잎 모름지기 돋아나리니/須知一野新生葉

초췌한 얼굴 시름 쌓인 눈썹은 이내몸인가 알아주소서/憔悴愁眉是妾身

버드나무는 미인을 의미하는 상징 나무였다. 그래서 미인의 눈썹을 '유미(柳眉)', 버드나무 가지처럼 허리가 가늘고 예쁜 사람을 '유요(柳腰)'라 한다. 중국 전국시대 초나라의 영왕(靈王)은 가는 허리 가진 여자를 아주 좋아했다. 초나라 여자들은 왕의 눈에 띄기 위해 허리를 가늘게 하는 데 혈안이었다. 그래서 많은 여자들이 굶기까지 했다. 특히 왕의 은혜만을 기다리는 후궁들은 허리를 가늘게 하기 위해 굶다가 죽는 사람이 속출했다. 그래서 초왕의 후궁을 '세요궁(細腰宮)'이라 불렀다.

버드나무 가지는 부드러워 집 밖에서 잠을 잘 때는 이것으로 양치질을 했다. 양치질은 양지(楊枝)에서 유래했다. 버드나무의 이러한 특성 때문에 관세음보살의 대자대비를 상징한다. 관세음보살은 현신(現身)할 때 33종으로 나타난다. 이 때 제1위가 양류관음(楊柳觀音)이다. 관음은 보통 오른 손에 버들가지를 쥐고, 왼손은 왼쪽 가슴에 대고 있다. 오른손에 버들가지를 쥔 것은 중생의 어떠한 소망도 버드나무처럼 부드럽게 응해서 온갖 병을 고쳐주는 자비를 상징한다. 중국 사천성 박물관에 소장되어 있는 남송대의 《유지관음도(柳枝觀音圖)》에도 오른 손에 버드나무 가지를 들고 있다. 고려청자의 상감무늬와 철화무늬에 등장하는 버드나무도 같은 의미다.

버드나무는 때론 관아(官衙)에 심기도 했다. 조선 초 무관이었던 최윤덕(崔潤德, 1376-1445)이 안주(安州)를 지킬 때 관아 남쪽에 버드나무 수만 그루를 심었다. 이는 안주의 터를 보이지 않게 하기 위해서이기도 했지만 수재를 막기 위한 조치였다. 이에 최윤덕이 돌아간 후 사람들이 그의 덕을 기리어 그 버드나무를 아꼈다. 더욱이 이곳 사람들은 향약을 만들어 버드나무 가지를 베는 사람이 있으면 벌했다. 이런 전통은 몇 세대까지 이어졌다. 그래서 사람들은 그를 감당(甘棠)에 비유했다. 『춘추위』와 『백호통의』에 따르면, 버드나무(楊柳)는 분(墳)없는 서민들의 무덤에 심었다. 특히 버드나무 중에서도 백양은 무덤가에 즐겨 심은 나무였다. 그래서 백양은 무덤을 가리킨다. 중국의 이러한 사례는 동진(東晉) 도잠(陶潛, 365-427)의 「만가시(輓歌詩)」에 "황량한 풀은 어이 그리 아득한가, 백양나무 또한 쓸쓸하기만 하네/荒草何茫茫, 白楊亦蕭蕭"[226]라는 구절에서 확인할 수 있다. 이시진의 『본초강목』에서도 백양을 무덤가에 심는다는 사실을 언급했다.[227] 이 같은 사례는 조선시대의 권호문(權好文, 1532-1587) 『송암집속집(松巖集續集)』에서도 확인할 수 있다.[228]

「추석에 성묘하는 모습을 보고 느낌이 있어/秋夕觀上壠有感」

가을바람 무덤 위에 살랑살랑 불어오니 / 西風吹動白楊原
여기저기 술병 들고 옛 무덤에 잔 올리네 / 處處携壺酹古魂
돌아가는 길에도 인간 세상 흥취 많아 / 歸路亦多人世興
달빛 아래 술 취하니 아이 손자 부축하네 / 月中扶醉盡兒孫

시의 백양은 무덤을 비유한 것이다. 무덤가에 백양을 심은 또 다른 사례는 장유(張維, 1587-1638)의 『계곡선생집(谿谷先生集)』에서도 만날 수 있다.[229]

「북망행(北邙行) 장(張)·왕(王)을 본받아서 지어 보다/北邙行 效張王」

북망산 아래 연이은 경사진 구릉 / 北邙山下連坡陁

보이나니 위 아래 온통 무덤 뿐 / 纍纍滿目丘墳多

도톰한 새 무덤에 허물어진 옛날 무덤 / 新墳崔嵬故墳頹

날이면 날마다 상여 메고 올라오네 / 日日但見喪車來

영구차(靈柩車) 산 굽이 돌아서 오면 / 喪車來入山曲

길가에선 노랫소리 산 위에선 호곡(號哭)소리 / 路上人歌山上哭

열 자 넘는 붉은 만장(輓章) 바람에 펄럭펄럭 / 紅旌粉字高十尺

백골이야 다시금 영욕을 어찌 알까 / 白骨誰復知榮辱

백양도 못 심을 비좁은 묘지 / 墳前無地種白楊

잡초만 무성히 아침 이슬 적시는데 / 斷蓬宿草沾晨霜

여우와 살쾡이들 석상에서 낮잠 자다 / 狐狸晝眠石床上

사람 보면 도망가 수풀 속에 깊이 숨네 / 見人走入深叢藏

높은 누대(樓臺) 흥겹게 노닐다가도 봄바람 어느새 잦아지는 법 / 高臺歌舞春風闌

그때 가선 천금 주고 구전단 사기 어려우리 / 千金難買九轉丹

인생 백 년 아무래도 부질없는 일 / 人生浪作百年計

북망산 저 앞의 물 유유히 흐르누나 / 北邙山前水東逝

버드나무는 사악한 기운을 제거하는 벽사력(辟邪力)을 지니고 있었다. 이런 예는 가사협의 『제민요술』에는 "정월 초하룻날 아침에 양류 가지를 꺾어 문간에 달아두면 백 가지 귀신이 들어오지 못한다"[230]데서 확인할 수 있다. 우리나라에서도 오월의 버드나무 가지를 꺾어 문 위에 걸어두면 사악한 귀신을 물리칠 수 있다는 설이 있다. 사람들이 버드나무를 이렇게 생각한 것은 이 나무가 음을 물리칠 수 있는 양기를 가졌으며, 잎 가장자리에 톱니가 있는 점, 그리고 강인한 생명력 때문이다. 옛날 궁궐에서도 청명(淸明)과 한식(寒食) 때 버드나무를 꺾어 불을 지폈다. 이것 역시 벽사의 기능을 가진 버드나무를 태워 악귀를 없애고 새봄을 맞이하려는 뜻이다.

버드나뭇과 갈잎큰키나무 은백양(*Populus alba* L.)은 사시나무 속이다. 은백양(銀白楊)은 껍질이 회백색이고 잎 뒷면이 은빛을 띠어서 붙인 이름이다. 학명 중 종소명 '알바(*alba*)'는 '흰색'을 뜻한다. '알바'는 뽕나무의 학명(*Morus alba* L.) 중 종소명에도 등장한다. 은백양은 통칭 백양(白楊)이라 부르지만, 백양은 우리나라 국가표준식물목록을 비롯해서 식물도감에 등장하지 않는다. 우리나라 이창복(李昌福)이 붙은 은사시나무(*Populus ×tomentiglandulosa* T.B.Lee)는 사시나무와 은백양 사이에서 탄생했다. 은백양과 은사시나무의 잎은 뒷면이 은색이지만, 사시나무의 잎은 상수리나무의 잎처럼 앞뒤가 거의 같은 색이다. 은백양을 비롯한 버드나뭇과의 특징 중 하나는 암수딴그루라는 점이다. 그 중에서 미국 유타주 중부 피시호 남쪽 '판도(Pando)'의 사시나무 군락은 모두 한 그루의 수나무가 뿌리로 번식한 것이다. 이곳 사시나무 군락은 4만 7000그루가 살고 있다. 유경숙의 『이원(異苑)』에 다음과 같이 백양과 관련한 내용이 등장한다.[231]

- 원가연간(元嘉年間, 424-453)에 영천(穎川)에 송적(宋寂)이 있었다. 키가 석 자인 외발 귀신이 낮에 갑자기 나타났는데 마침에 송적에게 부림을 당했다. 송적이 이웃 사람과 저포(摴蒲) 놀이를 하고자 했으니 오목(五木)이 없자, 귀신이 칼을 가지고 뜰에 있던 백양의 가지를 잘라 문간에서 오목을 만들어 불에다 그슬렸다. 그 오목은 흑백이 분명하긴 했지만 소박했다.

위의 이야기는 중국 남조(南朝) 송(宋)나라 문제(文帝) 때의 이야기이다. 『이원』에는 백양으로 등장하지만 식물학상 은백양으로 이해할 필요가 있다. 은백양의 배경으로 등장하는 '저포'[232]는 오목을 던져서 나온 숫자로 승부를 결정하는 놀이다. 나무쪽의 한 면은 검게 만들고 다른 한 면은 희게 만들어 검은 색이 많이 나올수록 점수가 높다. 귀신이 오목을 은백양 가지를 잘라서 만든 이유는 송적이 이웃 사람과 함께 놀이한 영천 지역에 은백양이 흔했기 때문이다. 아마도 은백양은 마을 주변에 흔한 나무였을 것이다.

조선시대 장유의 『계곡선생집』에서도 백양나무를 만날 수 있다.

「참봉 윤효술에 대한 만시/尹參奉孝述挽」[233)]

옛 친구 오래도록 만나보지 못했나니 / 不見故人久
막다른 길 몰린 데다 난리 만났음이라 / 途窮仍亂離
부질없이 정운시(停雲詩)만 뇌까렸는데 / 停雲空入咏
홀연히 아침 이슬 만사(輓詞) 지을 줄이야 / 晞露忽題詞
한 번 병들자 몰라보게 마른 몸 / 一病渾驚瘦
미관 말직에 끼니나 제대로 이었겠나 / 微官不救飢
하늘 끝 쓸쓸히 관(棺)에 실려 오다니 / 天涯返孤櫬
백양나무 가지에는 봄빛이 완연한 걸 / 春色白楊枝

「첨지중추부사 이식립의 부인에 대한 만시/李僉樞植立內挽」[234)]

명가(名家)에 시집 온 현숙한 부인 / 淑質歸名族
내외 모두 훌륭하다 일컬음 받았지요 / 人稱兩美宜
문짝 뜯어 땔 정도로 빈한한 생활 / 貧經炊扊日
늙어서도 신혼 때를 떠올리게 했었다오 / 老憶結褵時
짧은 인생 온갖 애환(哀懽) 모두 맛보고 / 短世悲懽足
환영처럼 덧없이 옮겨 가고 말았구려 / 浮生幻影移
노량강(鷺梁江) 저 건너 솟은 새 봉분 / 新阡鷺江外
백양나무 가지에 봄빛이 완연하네 / 春色白楊枝

중국과 한국의 전통시대 작품에서 백양이 주로 죽음을 애도하는 '만사(輓詞)'에 등장한 것만 봐도 이 나무가 무덤을 상징한다는 것을 알 수 있다. 귀신이 백양으로 저포를 만든 것도 결코 우연은 아닐 것이다. 왜냐하면 귀신과 무덤은 밀접한 관계가 있기 때문이다.

『제민요술』에 따르면[235] 백양은 고비(高飛) 또는 독요(獨搖)라고 한다. 이는 백양이 바람에 잘 흔들린다는 뜻이다. 『제민요술』에는 백양 심는 법과 수익을 소개하고 있다.[236]

> 가을에 땅을 곱고 부드럽게 갈아둔다. 정월과 2월에 이르러 쟁기로 갈아 두둑을 만든다. 두둑 한 줄마다 쟁기를 이용해서 똑바로 한 차례와 거꾸로 한 차례씩 갈며 파종골의 넓이, 즉 폭은 파[蔥]의 두둑 만들 때와 같이 하면 좋다. 두둑을 만들고 괭이로 파서 작은 구덩이를 만든 다음 손가락만한 굵기에 3자 정도 길이의 백양 가지를 잘라 구덩이 안에 배모양으로 심고 흙으로 밟아 덮는다. 이 때 가지의 양쪽 끝이 흙 밖으로 나오게 하고 위로 향해 수직이 되도록 세운다. 2자마다 한 그루를 심는다.
> 백양은 3년이 지난 다음에 누에치는 시렁을 만들 수 있고 5년이면 집짓는 서까래를 만들 수 있다. 10년이 지나면 용마루와 들보를 만들 수 있다. 누에시렁으로 쓰인다면 한 그루를 5전으로 계산할 때 1무의 연간 수입은 21,600문(文)이다(땔나무감이나 누에시렁 기둥은 별개의 수입으로 삼는다). 해마다 30무를 심으면 3년에 90무를 심을 수 있고, 매년 30무를 판매하면 64만 8천문의 수익을 얻는다. 한 번 돌아가면 다시 시작함으로써 오래도록 끝없는 밑천이다. 일반 농부의 입장과 비교하면 일손 줄여 편안함이 만배에 이른다. 산에서 멀리 있는 곳은 옳고 그름 없이 많이 심을 따름이다. 천여 그루 이상을 심는다면 모든 필요한 자재는 전부 마련할 수 있다.

『제민요술』의 백양 재배법과 수익 내용은 당시 나무 재배로 적잖은 수익을 얻을 수 있다는 사실을 보여준다. 그러나 이러한 사례는 일반 농민에게 해당하는 것이 아니라 적어도 산을 소유한 사람들에게만 해당한다. 다만 북위시대만하더라도 백양 같은 나무를 심어서 수익을 얻을 수 있는 사회였다.

경북 성주군 한개마을 수유나무

12

수유 주머니를 차는 부인

인간은 아주 오래전부터 식물의 도움을 받아 자신을 보호하는 지혜를 발휘했다. 특히 식물 중에서도 가시나 향기는 사악한 기운을 없애는 데 적합하다고 생각했다. 그 중에서 가시는 직접 휴대하기 어렵기 때문에 가시가 있는 식물을 집 주변 울타리로 심거나 가시가 달린 가지를 잘라서 집안에 걸어두는 방법을 사용했다. 반면에 향기가 나는 식물의 경우에는 잎이나 열매를 휴대하는 방법을 찾았다. 식물 중 잎과 열매에 향기가 나는 것은 아주 많지만 그 중에서도 수유나무는 사람들이 선호한 나무였다.

운향과 갈잎떨기나무 수유(茱萸)나무는 우리나라에서 쉬나무[*Tetradium daniellii* (Benn.) T.G.Hartley]라 부른다. 북한에서는 한자대로 수유나무라 부른다. 경상도 일부 지역에서는 쉬나무를 '소등(燒燈)'이라 부른다. 이는 쉬나무의 열매로 기름을 짜서 불을 밝혔기 때문에 붙인 이름이다. 그래서 경상도 지역에는 마을 어귀에 쉬나무를 쉽게 만날 수 있다. 쉬나무는 열매의 양이 아주 많다. 그래서 이 나무의 열매로 등불을 밝히는 일은 결코 어렵지 않다. 조선시대 양반들이 이사할 때 반드시 쉬나무의 열매를 가져갔다는 얘기가 전할 정도이다. 영국의 식물학자 햄슬리(Hemsley, 1843-1924)가 붙인 학명 중 속명 '에보디아(*Evodia*)'는 열매를 강조한 것이다. '에보디아'는 '좋다'를 의미하는 그리스어 '에우(eu)'와 '향기'를 의미하는 '오디아(odia)'의 합성어이다. 이는 열매에 기름이 있어 향기롭다는 뜻이다. 학명 중 종소명 '다니엘리이(*daniellii*)'는 '다니엘(Daniell)'을 의미하지만 누구인지 알 수 없다. 아마 영국인 중 쉬나무의 연구에 큰 도움을 준 사람일 것이다.

쉬나무는 운향과 갈잎떨기나무 오수유(吳茱萸)와 닮았다. 오수유는 운향과 갈잎큰키나무 머귀나무와 닮았다. 오수유는 중국 원산이며 우리나라에서는 자생하지 않는다. 그래서 우리나라에서는 쉬나무를 중국의 오수유와 구분하기 위해 '조선수유'라 부른다. 쉬나무는 잎에서 강하게 나기 때문에 '취단(臭檀)'이라 부른다. 쉬나무와 오수유의 차이는 쉬나무의 경우 잎이 7-11개이고, 오수유는 7-15개이다. 쉬나무와 오수유 모두 암수딴그루이다. 중국의 식물 관련 자료에는 쉬나무에 대해서는 기록이 없고, 오수유와 식수유 및 산수유에 대해서만 기록하고 있지만, 『본초강목』 '오수유'에 대한 기록에 따르면, 중국의 경우 수유가 남북에 모두 있으며, 오수유는 약으로 사용할 경우 오 땅의 것이 가장 좋기 때문에 붙인 이름이다.[237] 오 땅은 지금의 강남이다. 그러나 수유의 어원은 알 수 없다. 수유나무에 대한 신화는 오균의 『속제해기』에 다음과 같은 내용이 수록되어 있다.[238]

- 여남(汝南) 환경(桓景)은 여러 해 동안 비장방(費長房)을 따라다니며 배웠다. 비장방이 말했다. "9월 9일 자네 집에 분명 재난이 생길 것이니 어서 집을 떠나 집안사람들에게 각자 진홍색 주머니를 만들어서 수유를 담은 뒤 팔에 주머니를 차고 높은 곳에 올라가 국화 술을 마시게 하면 재난을 피할 수 있다네." 환경이 비장방의 말대로 집안사람들 모두 산으로 올라갔다. 저녁에 집으로 돌아와 보니 닭, 개, 소, 양 등이 모두 죽어있었다. 비장방이 그 소식을 듣고 말했다. "이 가축들이 사람을 대신한 것이다." 오

늘 날 사람들이 9일에 높은 산에 올라 술을 마시고 부인들이 수유 주머니를 차는 것은 여기에서 유래했다.

여남은 하남성 중부에 위치하고 있다. 여남현은 기원전 168년 한나라 문제 때 현으로 설치되었다. 치소는 상채(上蔡)이다. 여남은 여수(汝水)의 남쪽을 의미한다. 신화에 등장하는 비장방은 후한 때의 유명한 여남 출신의 도사(道士)이다. 비장방은 『열선전』 '호공(壺公)'의 제자로 등장하는 인물이다.[239] 이 같은 내용은 『후한서(後漢書)·방술열전(方術列傳)』에도 수록되어 있다.[240]

『속제해기』에서 언급한 9월 9일 수유 풍습에서 왜 수유를 사용하는지에 대해서는 『본초강목』 오수유 항목에서 그 단서를 찾을 수 있다. 오수유는 9월 9일에 채집해서 그늘에 말리는데 오래둘 수록 좋다. 9월 9일에 채집하는 이유는 이 날이 『주역』 건괘(乾卦)의 맨 위의 양효(陽爻)의 상구(上九)를 의미하기 때문이다. 이 날은 곧 오수유가 가장 잘 익어서 붉은 색을 띤다. 이러한 오수유의 열매는 나쁜 기운을 물리치고 겨울의 추위를 막을 수 있다. 『본초강목』에서도 『속제해기』의 내용을 소개하고 있다. 아울러 이시진이 인용한 도교 경전 중 하나인 『회남만필술(淮南萬畢術)』에 따르면, "우물가에 오수유를 심어 잎이 우물물에 떨어져서 사람이 그 물을 마시면 전염병이 없어지며, 그 열매를 집에 걸어두면 악귀를 물리칠 수 있다."[241] 또한 이시진이 인용한 『오행지(五行志)』에 따르면, 집 동쪽에 "백양, 수유를 심으면 해마다 재액을 없앨 수 있다."[242] 수유에 대한 이러한 내용은 『제민요술』에서도 확인할 수 있다.[243]

수유 풍속은 조선시대에도 중국의 영향을 받아 널리 유행했다. 구상(具庠)의 『무명자집(無名子集)』에는 중양절의 고사를 시로 표현했다.

● **「중양절 고사/重九記故事」** 244)

해마다 구월 구일은 / 年年九月九

중양절이라 부르네 / 佳節號重陽

율려로는 무역이라 하고 / 鳳律名無射

《주역》에는 괘가 있네 / 龜書數有當

하늘은 높고 구름은 활짝 걷혔으며 / 天高雲廓宇

낙엽은 지고 이슬은 서리가 되었네 / 木落露爲霜

반달은 비낀 빛을 뿌리고 / 璇月揚斜影

가을바람은 모상에 부네 / 金風發暮商

단풍과 국화 아름답고 / 物華楓又菊

벼와 기장 수확하네 / 農事稻兼粱

까닭에 사람들이 즐기고 노는 것은 / 所以人遊賞

길하고 좋은 이 날에 이르러서지 / 迨玆日吉良

모래섬 기러기는 먼 울음 보내오고 / 洲鴻流遠響

잔속의 술거품은 가벼운 향 풍기네 / 盃蟻賸輕香

밤과 대추 넣어 경단을 찌고 / 棗栗蒸紅餌

수유 담은 붉은 주머니 차네 / 茱萸佩絳囊

추위를 막아줄 지 참으로 알 수 없거니와 / 禦寒良莫究

재액 막아주는 줄을 과연 누가 상세히 알까 / 辟惡果誰詳

장수를 기원하는 풍습은 한나라에서 유래했고 / 祈壽風由漢

신료와의 잔치 율령은 당나라에서 비롯되었지 / 宴寮令肇唐

봉래궁에선 귤을 받고 즐거워했고 / 蓬萊欣受橘

상락주는 유강에서 바쳐 왔노라 고했네 / 桑落訖綏羌

희마대는 텅 비었고 / 戲馬臺空曠

상표관은 아득하였어라 / 商颷館杳茫

높은 곳 오르는 게 풍속 되었으니 / 登高成習俗

나그네 된 이는 고향을 바라보네 / 爲客望家鄉

이백은 용산에서 술 마셨고 / 李白龍山飮

두견화는 학사에서 곱게 폈지 / 杜鵑鶴寺粧

맹가는 오사모 떨어진 줄 몰랐으며 / 嘉忘烏帽落

도연명은 백의가 바삐 오는 것을 반가워했네 / 陶喜白衣忙

남주는 금반이 사치스러웠고 / 南主金盤侈

송조에선 옥술을 담았네 / 宋朝玉醴將

시의 산가지는 학루에 드높고 / 詩籌鶴樓敞

구름 같은 장막이 낙원에 펼쳐졌네 / 雲幕樂園張

짧은 머리는 운수를 시름겹게 하고 / 髮短愁芸叟

높은 산은 초당을 눈물짓게 하였네 / 山危淚草堂

왕랑의 시 천 수가 찬란하고 / 王郎千首燦

최씨의 두 봉우리 푸르렀어라 / 崔氏兩峯蒼

진사도는 싸늘한 서풍 추억했고 / 陳憶西風冷

한위공은 만년 절개 자랑했네 / 韓誇晩節臧

위 문제는 근실하게 글을 내렸고 / 賜書勤魏帝

장방의 말 따라 재액을 면했어라 / 度厄驗長房

꽃잎은 예전처럼 다 없어지도록 땄고 / 舊摘期搖蕩

전고 따라 멀리 고향 바라보네 / 遙臨引故常

시는 아름다운 모임 전하고 / 吟傳有美會

잔치는 장릉강을 상상하네 / 燕想蔣陵岡

장한 뜻은 명윤을 으뜸으로 쳤고 / 壯志推明允

천재 왕발은 자장을 부끄럽게 했네 / 天才愧子章

주렴 걷히자 사람이 국화처럼 수척해졌고 / 捲簾人似瘦
동각에서 만났던 날을 객이 뒤에 상심했네 / 窺閣客追傷
술 살 돈 없이 국화 마주하는 걸 어이 견디랴 / 可耐無錢對
오직 마실 술이 있어야 마실 수 있는 것을 / 秖要有酒嘗
우산의 눈물은 너무 속되고 / 牛山淚太俗
고 자로 시 짓는 것 어려울 것 없었지 / 糕字題何妨
온갖 허물 있으나 아침나절 기뻐했고 / 百過終朝好
국화 몇 가지가 살짝 가득 꽃다웠어라 / 數枝滿鬢芳
술은 취하고 겹옷을 입었으며 / 酒酣人衣袷
들은 넓고 농사는 풍년일세 / 野濶穡登塲
수유 가지 꽂고서 사람들 따라 가고 / 插朶行隨衆
갓을 바로 쓰려다 옆 사람 웃게 했네 / 整冠笑倩傍
국화 피는 것이 바로 이때이고 / 花開時卽是
계절 바뀌니 흥이 더욱 길어라 / 月改興還長
써늘한 바람 맞는 것도 싫은데 / 可厭踈風逼
더구나 찬비마저 쏟아짐에랴 / 况逢冷雨滂
절묘한 노래는 백가에게서 들었고 / 妙詞聞伯可
아름다운 시구에서 반랑을 추억하네 / 好句憶潘郎
예로부터 시 읊고 술 마신 일 많아 / 從古多吟醉
지금까지 질탕히 논다네 / 于今亦放狂
딱하다 백발 천장의 내 신세여 / 自憐千丈白
어찌 몇 떨기 국화를 저버릴소냐 / 忍負幾叢黃
사람들 놀라게 할 절창이야 없지만 / 縱乏驚人語
우선 손님과 마주해 술잔 기울이네 / 且傾對客觴

수유 풍속은 이른바 '중양절(重陽節)'이다. 장유의 『계곡선생집』과 이건명(李健命)의 『한포재집(寒圃齋集)』 및 김창협(金昌協)의 『농암집(農巖集)』에서 그 일단을 알 수 있다.

「중양절을 맞아/重九」[245)]

객지에서 맞는 구월 구일 중양절 / 客裏逢重九
하늘 끝에 있다 보니 계절도 빠르구나 / 天涯節序催
고향 집 울타리에 서 있을 국화 / 故園籬下菊
오늘쯤 몇 떨기나 피어 있을까 / 今日幾叢開
속절없이 갈 바람에 모자를 여미지만 / 漫整霜風帽
막걸리 잔 권해 줄 이 누가 있으랴 / 誰拈濁酒盃
수낭 따위는 아예 흥미도 없고 / 茱囊總無興
그저 망향대에 오르고픈 심정이오 / 欲上望鄕臺

「길에서 중양절을 만나/路逢重陽」[246)]

총총한 나그네 여정에 세월도 바삐 흘러 / 客路悤悤歲月忙
오늘이 중양절이라 깜짝 놀랐네 / 倏驚今日是重陽
용산의 감상은 누가 이을런가 / 龍山勝賞知誰繼
율리의 국화 또한 절로 향기롭구나 / 栗里寒花也自香
말 위에서 술 사 마시니 취하기 어렵고 / 馬上沽醪難取醉
시름 끝에 시 지어 보지만 완성하지 못하네 / 愁邊覓句不成章
멀리 그리워라 고국의 수유회에서 / 遙憐故國茱萸會
남은 가지 잡고 먼 곳의 나 생각하겠지 / 定把餘枝憶遠方

「과천(果川)을 지나는 길에/果川途中」247)

지난해 중양절엔 내가 손님 보냈는데 / 去歲重陽吾送客
금년엔 이 몸 또한 서울을 떠나오네 / 今年我亦發京華
기러기 슬픈 울음 그 무슨 뜻이런가 / 哀鳴鴻鴈有何意
쉬나무 어지러이 팔에 맨 집 몇몇이뇨 / 亂插茱萸知幾家
높은 산 올라봤자 고향 마을 아니렷다 / 縱使登高非故里
마실 술은 없지만 노란 국화 마주하네 / 可令無酒對黃花
북녘 이웃 벗들도 날 그려 못 잊을 터 / 北鄰諸子應相憶
행여나 시 지어 해변 이곳 보내올까 / 倘復題詩問海涯

수유를 이용하는 중양절은 수유회(茱萸會)라 부른다. 수유회는 단순히 수유와 술을 통해 놀이하는 풍습에 그치지 않고 고향의 부모와 형제, 그리고 친지들이 함께 모이는 일종의 명절이었다. 수유회가 지닌 명절의 의미는 다른 명절과 성격을 달리한다. 왜냐하면 설이나 추석 같은 명절은 부모와 형제 및 친지들이 만나서 안부를 묻고 즐겁게 식사하는 데 그치지만, 수유회는 기존의 명절과 같은 의미에 더해서 사악한 기운이나 재난을 막을 수 있는 행사였기 때문이다. 수유회가 중요한 명절이었다는 사실은 당나라 왕유(王維, 699?-759)가 17세 때 객지에서 중양절을 맞아 형제를 그리워하며 지은 시에서 확인할 수 있다.

「9월 9일 산중의 형제를 그리는 시/九月九日憶山中兄弟詩」248)

홀로 타향에서 나그네 되니/ 獨在異鄕爲異客
명절 때마다 어버이 생각 더욱 나누나/ 每逢佳節倍思親
멀리서도 알겠노니 형제들 높은 곳에 올라/ 遙知兄弟登高處

두루 쉬나무 꽂는데 한 사람만 빠졌음을/ 遍插茱萸少一人

왕유의 나이가 다소 어리긴 하지만 그가 고향에서 이루어지는 수유회에 혼자 빠지는 심정을 고려하면, 수유회의 위치를 충분히 짐작할 수 있다. 전통시대의 가족관계를 생각하면 수유회는 매우 중요한 풍속이었던 것이다. 그러한 풍속에서 중요한 비중을 차지하는 것은 가족이겠지만 가족의 끈끈한 정을 이어주는 것은 다름 아닌 쉬나무였다. 그러나 요즘 우리나라에서는 쉬나무에 대해 거의 관심을 갖지 않는다. 중국과 우리나라 전통시대의 이러한 풍속은 계승의 가치가 충분하다. 쉬나무를 구하는 것도 그다지 어렵지 않으니 가을 추수시기에 이러한 풍속을 재현하는 것도 의미 있는 일이다.

중국 하남성 숭산 숭양서원 측백나무

13

측백나무 잎에 이슬을 받는 동자

측백나뭇과의 늘푸른큰키나무 측백나무는 중국의 황하 유역을 대표하는 나무이다. 측백나무는 황하 유역의 역사와 문화를 이해하는 데 필수이다. 측백나무가 중국의 신화에 등장한다는 것은 그만큼 중국인들의 삶과 밀접하다는 뜻이다. 청나라 절강성 항주부 전당 출신 진호자(陳淏子, 1615-1703)가 1688년 간행한 『화경(花鏡)』에 따르면, 측백나무의 다른 이름은 창관(蒼官) 혹은 국(掬)이다.[249) 측백나무의 어원에 대해서는 『이아주소(爾雅註疏)』에서 확인할 수 있다. '국'은 '국(椈)'이며, 『예기(禮記)』에 "울창을 찧는 절구는 측백나무로 만든다"[250)고 한 것과 같다.

측백나무의 중요한 특징은 소나무와 더불어 오래 산다는 점이다. 측백나무의 장수는 섬서성의 황제릉 앞의 5,000살과 하남성 숭양서원 내 4,500살 측백나무가 증명한다. 측백나무의 꽃은 지역과 기후 및 나무의 조건에 따라 다르지만 보통 4월에 피고, 열매는 9-11월에 익는다. 진호자는 측백나무 중에서도 측백나뭇과 늘푸른큰키나무 편백(扁柏)을 가장 귀한 나무로 평가했다. 진호자는 편백을 측백나무와 같은 나무로 인식했지만 식물학적으로 측백나무와 편백은 다른 종류의 나무이다. 그는 측백나무의 이름을 잎이 옆으로 향해 생기기 때문으로 이해했다. 측백나무의 맛은 떫지만 달고 향이 있어서 도인들이 복용했으며, 다탕으로 끓여서 먹기도 했다. 측백나무의 재질이 단단하고 치밀한 까닭은 모든 나무들이 양으로 향하는 데 측백나무만이 서쪽으로 향했기 때문이다. 게다가 이 같은 성질 덕분에 기름기가 있고 향기가 났다. 도가에서는 열매를 복용했다.[251] 『속제해기』에는 측백나무 잎에 이슬을 받아서 먹는 이야기가 전한다.[252]

- 홍농(弘農)의 등소(鄧紹)가 8월 아침에 화산(華山)에 올라 약을 캐러 들어갔다가 어떤 동자를 보았다. 그는 오색 빛깔 주머니를 들고 측백나무 잎에 맺힌 이슬을 받고 있었다. 보니 구슬 같은 이슬이 주머니 가득했다. 등소가 물었다. "이걸 어디에 쓰려고 하느냐?" 동자가 대답했다."적송(赤松) 선생께서는 이것으로 눈을 밝게 합니다." 동자는 말을 마치고 갑자기 모습을 감춰버렸다. 오늘날 사람들이 8월 아침에 눈밝이 주머니를 만드는 것은 바로 여기서 유래했다.

측백나무 잎의 이슬이 눈을 밝게 한다는 얘기는 측백나무가 지닌 효능일 것이다. 이런 얘기는 중국에서 8월 아침에 '눈밝이 주머니'를 만드는 풍속을 낳았다. 위의 내용은 남조 양(梁)나라 종름(宗懍) 찬(撰), 수(隋)나라 두공첨(杜公瞻) 주(注)의 『형초세시기(荊楚歲時記)』[253]와 조선 이유원(李裕元, 1814년-1888)의 『가오고략(嘉梧藁略)』[254]에서도 확인할 수 있다. 측백나무 잎에 이슬을 받아서 먹으면 눈이 밝아진다는 얘기는 곧 이슬 자체도 효능을 갖고 있지만 측백나무 잎도 나름의 효능을 갖고 있어야 한다. 『본초강목』에 따르면, 측백나무 잎은 즙을 만들어서 복용했다. 그 맛은 쓴 맛과 매운맛 및 떫은맛이 있기 때문에 술과 더불어 먹는 것이 좋았다. 특히 도가에서는 1월 1일에 술을 담아 먹으면 사악한 기운을 없애는 약으로 먹었다.[255] 『본초강목』에는 측백나무 잎으로 약을 제조하는 방법을 자세하게 소개하고 있다. 즉 측백나무의 새로 돋은 잎을 따서 2-3촌 길이로 그늘에 말려 가루를 낸 후 콩알 크기만큼의 백밀환(白蜜丸)을 만든다. 항상 해가 뜨기 전 동쪽으로 향을 피우고 손으로 81개를 잡고 술에 넣는다. 1년 동안 먹으면 수명을 10년, 2년 먹으면 20년을 늘일 수 있다.[256] 또한 5월 5일 오방(五方)의 측백나무 잎 3근을 따서 원지과의 여러해살이 풀인 원지(遠志) 2근과 백복령(白茯苓) 1근과 함께 갈아서 꿀과 섞어 오동나무 열매 크기만큼 환을 만들어 매일 매자나뭇과의 선령비(仙靈脾)로 만든 술에 39개를 넣어 하루에 두 번 먹으면 결코 꺼릴 바가 없다.[257] 홍만선(洪萬選)의 『산림경제(山林經濟)』에서도 『본초강목』과 유사한 내용이 수록되어 있다.[258]

- 측백나무 잎은 나무끝 가까운 것을 골라 30근을 채취하여 그릇에 담아서 동쪽으로 흐르는 물에다 담그되 물이 세 치 이상 잠기게 하여 새 동이로 그 위를 덮고 진흙으로 밀봉한 다음 21일을 두었다가 꺼내어 응달에 말리는데, 먼지가 들어가지 않게 하고 마르면 즉시 빻아서 체로 친다. 그리고 소맥(小麥) 3되를 깨끗이 가려서 백엽즙(柏葉汁)에 넣고 밀봉한 다음 5~6일 두었다가 꺼내어 응달에 말려서 다시 넣고, 또 밀봉하여 5~6일 두었다가 꺼내어 응달에 말려서 건조시킨 다음 이를 갈아서 체로 친다. 또 대두(大豆) 3되를 누렇게 익도록 볶은 다음 갈아서 체로 친다. 이렇게 해서 만든 이상 세 가지를 고루 섞어서 가죽 주머니에 담아 두고 한 번에 5홉씩 술이나 물에 타서 하루 세 번씩 먹는다. 채취를 할 때 무덤 가까이나 바위 위에서 자라지 않은 것이라야 좋다(『한정록보(閒情錄補)』).

측백나무 잎과 관련한 내용은 조선시대 성리학자들의 작품에서도 이른바 '백주(柏酒)'에 대한 내용이 적지 않다. 몇 가지 사례를 소개하면 다음과 같다.

「원일(元日)-입춘(立春)이 또 그다음 날이었다/元日 立春亦在隔日」259)

백주 역시 우리네 풍속과 똑같은데 / 柏酒同吾俗
춘반이 또 멀리서 온 나그네를 반겨 주네 / 春盤媚遠天
나이 한 살 더 먹으며 늙어 간다 생각마오 / 休云更易老
지금부터 기운 찬 새해가 다시 시작되오 / 却自是新年
오직 생각나는 것은 두고 온 나의 고향 / 丘壟唯堪戀
가련해라 처자들은 또 어떻게 지내는지 / 妻孥亦可憐
당초 나라 위해 이 한 몸 맡겼거니 / 從來身許主
자기 혼자 편할 도리 돌아볼 수 있겠는가 / 不得顧私便

「월사(月沙) 이 지사(李知事)의 회양(淮陽) 시 뒤에 적다/題月沙李知事淮陽詩後」260)

하늘 동쪽 빼어난 시구 널리 퍼지지 않은 것은 / 天東秀句未流傳
바닷가 뭇 신령들이 보호해 아꼈기 때문이라 / 海上群靈爲護憐
만 굽이 꺾이는 저 물결도 어쩌면 혹 알았을까 / 萬折濤波豈相喩
백옥(白玉)을 온전히 돌려보내 원상회복을 시켰어라 / 全歸琬琰故依然
회양 불박의 표현 보소 얼마나 멋진 해학인가 / 淮陽不薄供淸謔
원래 영도에 올라 철선을 영도(領導)한 분이라오 / 瀛島元登領徹仙
백엽주에 물고기 회는 나의 오래된 소원인데 / 柏酒溪魚吾宿負
지금은 힘이 다 빠졌으니 어떻게 또 찾아갈꼬 / 只今爭奈已衰年

'백엽주(柏葉酒)'의 중요성은 시험 제목으로 등장한 것만 봐도 충분히 짐작할 수 있다. 정조는 1797년 12월 19일 평융복(平戎服)을 갖추고 여(輿)를 타고 만팔문(萬八門)을 나와 청양문(靑陽門)을 거쳐 창경궁 춘당대(春塘臺)에 나아가 여에서 내려 어좌에 올랐다. 시관 및 응시하는 문신과 무신이 뜰에 들어와 예를 행했다. 그는 "'저 뿔잔을 들다'로 칠언율시를 지으라(稱彼兕觥七言律)"로 초계(抄啓: 당하관 문신의 월별 시험) 문신 친시제(親試題)를 삼고, "'백엽주'로 오언율시를 지으라(柏葉酒五言律)로 과시제(課試題)를 삼았다. 친시에서는 부사정(副司正) 김이재(金履載)가 삼중(三中)으로 수석을 차지했고, 과시에서는 권지 승문원부정자(承文院副正字) 김희락(金熙洛)이 삼중으로 수석을 차지했다. 초계 문신의 과강(課講)에서는 부사정(副司正) 홍석주(洪奭周)와 의장고낭청(儀仗庫郎廳) 구득로(具得魯)가 순조(純粗: 3번째 등급)를 맞고 등급이 같은 사람끼리 보인 비교(比較)에서 홍석주가 순략(純略: 2번째 등급)을 맞아 수석을 차지했다.[261] 좌의정을 역임한 홍석주(洪奭周, 1774~1842)는 정조의 딸 숙선옹주 남편인 홍현주(洪顯周)의 큰 형님이었다.

측백나무 잎이 장수를 상징한 사례는 조선 성종이 대왕대비전에 헌수(獻壽)하고 직접 춘첩시(春帖詩)를 지어 올린 시에서도 확인할 수 있다.[262]

- 아름다운 원단에 봄빛이 따사롭고 / 三元佳氣妙春陽
북두 자루 동으로 돌아 만물이 향기롭네 / 斗柄東回百物香
섣달 눈 녹이려고 새벽 해를 맞이하니 / 臘雪欲消廷曉日
동풍의 훈훈함이 술잔으로 불어드네 / 東風送暖入椒觴
모든 문엔 닭이 울어 새해를 알려주고 / 門門鷄唱新年瑞
전각에 구름 걷히니 햇빛이 눈부시네 / 殿殿雲開舊日光
망극한 정회를 어찌 다 말하리오 / 罔極情懷何以報
오로지 복을 빌고 장수를 빌 뿐이네 / 惟知慶祚祝靈長
달력을 나눠주는 초봄에 희색이 만면하고 / 頒甲春初喜色來
구름 서린 전각에는 상서가 열린다오 / 雲凝殿裏瑞光開
천년의 송축에는 초화향이 번져가고 / 椒花香動千年頌
만수의 술잔에는 푸른 측백 잎 떠 있구나 / 栢葉青浮萬壽杯

희일은 천산의 눈 녹이지 못했는데 / 羲日未消千嶂雪
순풍이 한 동산에 매화를 피웠도다 / 舜風先發一園梅
온 세상 만산은 변함없는 모습인데 / 乾坤萬象眞如舊
아름다운 상서를 다 꼽을 수 없구나 / 屈指嘉祥未罄枚

정조의 아버지 사도세자의 스승이었던 번암(樊巖) 채제공(蔡濟恭, 1720-1799)의 시에서는 백엽주가 도가(道家)와 밀접한 관련이 있다는 정보를 얻을 수 있다.

● 「달밤/月夜」[263]

아침엔 칠보에서 저녁엔 봉영에서 노닐고 / 朝遊七寶暮蓬瀛
평소에 머물러 사는 곳은 백옥경이로다 / 居止尋常白玉京
이슬 젖은 학의 몸은 계수 숲에 차가웁고 / 露濕鶴身叢桂冷
하늘 에워싼 봉우리엔 서너 별이 빛나누나 / 天圍峯穴數星明
초연히 달빛 아래 스님과 함께 섰노라니 / 翛然月下僧俱立
정녕 인간 세상엔 닭이 벌써 울었으리라 / 定是人間鷄旣鳴
새로 빚은 백엽주를 회양에서 보내왔는데 / 新酒淮陽來柏葉
신령한 곳에선 무엇인들 상쾌하지 않으랴 / 靈區何事不神淸

시에 등장하는 칠보(七寶)와 봉영(蓬瀛) 및 백옥경(白玉京) 등은 모두 도가와 관련한 지명이다. 측백나무 잎은 단순히 도가에서 즐겨 먹었던 선약(仙藥)의 재료만이 아니라 흉년 때는 구황식품으로 이용되었다. 특히 측백나무 잎은 송진과 함께 먹으면 곡식을 먹지 않아도 배가 고프지 않을 정도로 효과가 컸다.[264]

경북 예천군 풍양면 삼수정 회화나무

14

회화나무 개미집에서 보낸 남가태수

일장춘몽(一場春夢)을 뜻하는 남가일몽(南柯一夢)은 회화나무와 관련해서 유래한 것이다. '남가일몽'은 남쪽으로 뻗은 회화나무를 뜻한다. 이러한 뜻을 가진 남가일몽이 일장춘몽과 같은 의미로 사용되는 배경은 당나라 이공좌(李公佐, 770?-850)의 『남가태수전(南柯太守傳)』이고, 이공좌의 작품은 당나라 이방(李昉, 925 - 996)의 『태평광기(太平廣記)』에 수록되어 있다.[265]

- 산동성 동평(東平) 출신 순우분(淳于棼)은 늘 평소 술을 좋아하는 임협이었다. 정원(貞元) 7년(791) 9월 어느 날, 순우분은 술병에 걸렸는데 친구들이 부축해서 집으로 보냈다. 그는 비로소 잠이 들었는데 갑자기 두 사람의 사자가 그를 남쪽의 나이 많은 회화나무 아래 괴안국(槐安國)으로 데려갔다. 가보니 괴안국 안에 옛날의 문객들도 있었다. 또한 그는 괴안국의 금지공주(金枝公主)와 혼인하고 남가태수에 임명되어 20년 동안 생활했다. 이 기간 동안 순우분은 5남 2녀의 자녀까지 두었으며, 남자는

모두 아버지 후광으로 벼슬살이 했으며, 여자는 왕공종실에 시집갔다. 그러나 부귀영화를 누리던 순우분은 다른 나라가 남가군을 침략하자 대패했다. 아울러 친구와 공주가 수개월 뒤에 병에 걸려 죽자 순우분은 마음이 상해서 관직을 그만두고 서울로 갔다. 서울로 온 수우분은 위세와 봉록이 더해져 그의 집으로 많은 사람들이 출입했다. 이 때문에 왕의 의심을 받아 본래 집으로 쫓겨났다. 갑자기 꿈에서 깨어보니 자신은 여전히 동쪽 행랑에 누워있고 두 친구는 의자에 앉아 발을 씻고 있었으며, 서쪽 담장에는 석양이 아직 남아 있었다. 순식간에 한 생애가 지난 것이었다. 그가 곧 회화나무 굴을 찾아 도끼로 파헤쳐 보니 온갖 개미들이 모여 있어서 차마 바라보지 못하고 덮어버렸다. 그날 저녁에 비바람이 몰아쳤고 개미들은 모두 다른 곳으로 떠났다.

남가태수 순우분의 한바탕 꿈속에 등장하는 회화나무와 개미는 무슨 관계가 있을까. 회화나무의 옹이는 개미의 천국이다. 회화나무는 옹이가 잘 생기는 나무 중 하나이다. 따라서 그 속에 개미가 사는 것은 아주 자연스럽다. 괴안국도 회화나무가 살기 때문에 생긴 이름이다. 당나라 때 산동 지역에 회화나무가 귀족들에게도 중요한 나무였다. 이미 주나라 때부터 지배자들이 선호한 나무 중 하나가 회화나무였다는 점을 감안하면 순우분의 신분과 회화나무가 있는 편안한 나라를 의미하는 괴안국은 잘 어울린다.

소설 속 남가태수 순우분의 꿈 이야기는 부귀영화라는 것이 부질없다는 인생관을 담고 있다. 혹 이 이야기는 당나라 때 유행한 도가 사상의 영향일지도 모른다. 남가태수 순우분의 고사는 한낱 '남쪽으로 뻗은 회화나무 가지'가 만든 이야기지만, 그 영향력은 결코 작지 않았다. 우리나라에서는 이 고사가 탄생한 이후 고려시대 이규보의 『동국이상국집』을 비롯해서 수없이 많은 사람들이 인용하고 있다. 그중 몇 사례를 살펴보면 다음과 같다.

「신흥(晨興)」266)

새벽녘에 홀로 앉아 닭 우는 소리 들으면서 / 淸晨獨坐聽鷄鳴

화로가에 술 데우니 잠잔 불이 이글이글 / 酒煖爐頭宿火明

이 봄도 반이란다 취한 속에 흘러가니 / 醉裏悠然春欲半

남가의 한 꿈이 바로 곧 부생일세 / 南柯一夢卽浮生

「개미 싸움 십운/蟻戰十韻」267)

꿈틀꿈틀 벌레들도 생기(生氣) 품부 받았나니 / 蠢動均函氣

현구 역시 천지간에 생을 영위하는도다 / 玄駒亦攝生

누린내 좋아하니 먹고살기 쉬울텐데 / 慕羶求易足

알갱이 이고 다니다니 목숨을 가벼이 여기누나 / 戴粒命偏輕

군신 간의 의리를 대략 갖고 있을 테니 / 略有君臣義

이해관계 쟁탈전이 어떻게 없을 손가 / 能無利害爭

봉토(封土)를 나눠 받고 전권(專權)을 행사하며 / 分封專國土

약자를 기만하고 서로 집어삼키나니 / 欺弱互兼幷

소 싸우듯 함성 소리 천지를 진동하고 / 牛鬪軍聲振

물고기 비늘처럼 군진(軍陣)을 횡으로 펼쳤도다 / 魚麗陣勢橫

티끌 날려 속사포 계속 쏘아대고 / 吹塵騰急礮

지푸라기 보루(堡壘) 삼아 만리장성 이뤘는데 / 壘芥作長城

삽시간에 나뉘어진 승자와 패자 / 欻爾分成敗

강하고 약한 형세 금방 눈에 들어오네 / 居然見脆勍

서로 버틴 것은 광무와 같고 / 相持同廣武

살육전 벌인 것은 장평과 비슷 / 鏖戰等長平

만촉의 전쟁 결코 허전(虛傳) 아니요 / 蠻觸傳非妄

괴안국(槐安國)의 고사 역시 놀랄 만한 일이어라 / 槐安事可驚

예나 지금이나 바람 불고 비 오는 곳 / 古今風雨地

어딘들 전쟁놀이 그만둘 수 있으리요 / 何處可休兵

개미를 주제로 삼은 장유의 시는 남가일몽이 단순히 헛된 꿈이 아니라 인간들이 삶 속에서 일어나는 온갖 부조리를 고발하는 데까지 활용하고 있다. 지금도 길을 걷다보면 개미집을 쉽게 만날 수 있다. 개미들은 땅 속에 집을 짓기도 하지만 썩은 나무줄기에 똬리를 트는 경우도 많다. 특히 회화나무처럼 큰키나무의 썩은 나무줄기는 개미의 궁전이자 천국이다. 그래야만 괴안국처럼 왕국이 탄생할 수 있다. 게다가 소설 속 개미는 하찮은 존재이기도 하다. 전통시대의 인간은 개미를 소인이나 하찮은 존재를 상징하는 생명체로 인식했다. 소설의 저자가 일장춘몽을 뜻하는 이야기에 개미를 등장시킨 것도 다분히 의도적인 설정이다.

남가태수 이야기는 송나라 유의경(劉義慶)의 『유명록(幽明錄)』「탕림(湯林)」에 등장하는 측백나무 베개, 즉 백침(柏枕)에 관한 내용[268]과 아주 유사하다. 초호묘(焦湖廟)의 묘축(廟祝)이 가진 측백나무 베개가 30년이 지나자 틈이 생겼다. 그 현의 장사꾼 탕림(湯林)이 베개 틈으로 들어가 혼인까지 하고 벼슬까지 하면서 행복하게 보내다가 결국 윗사람의 뜻을 거슬러 밖으로 나오자 한 바탕 꿈이었던 것이다. 측백나무로 만든 베개는 조선 정조의 『홍재전서(弘齋全書)』[269] 중 '신침법(神枕法)'으로 등장할 만큼 건강에 아주 좋은 것이었다. '신침법'은 『동의보감』을 인용한 것이다.

- 측백나무 베개[柏枕]는 길이가 1척(尺) 2촌(寸)에, 높이가 4촌이고, 빈속에는 1두(斗) 2승(升)의 용량이 들어간다. 여기에 약궁궁(藥芎藭) · 당귀(當歸) · 백지(白芷) · 신이

(辛夷)·두형(杜蘅)·백출(白朮)·고본(藁本)·목란(木蘭)·천초(川椒)·계피(桂皮)·건강(乾薑)·방풍(防風)·인삼(人蔘)·길경(吉更)·백복령(白茯苓)·형실(荊實)·육종용(肉蓯蓉)·비렴(飛廉)·백실(柏實)·의이(薏苡)·관동화(款冬花)·백미(白薇)·진초(秦椒)·미무(蘼蕪) 등 모두 24가지의 약재를 써서 24절기에 대응시키며, 독성(毒性)이 있는 약재 8가지를 더하여 팔풍(八風 여덟 절후에 부는 바람)에 대응시키는데 그것은 오두(烏頭)·부자(附子)·여로(藜蘆)·조협(皁莢)·망초(莔草)·반석(礬石)·반하(半夏)·세신(細辛)이니, 도합 32가지 약재이다. 이것을 각각 한 냥(兩)씩 모두 빻은 다음, 독성이 있는 약재를 위에 오도록 놓아서 베갯속을 채운다. 그리고 삼베로 만든 베갯잇으로 베개를 씌워서 100일 동안 베고 자면, 얼굴에 광택이 난다.

경북 경주시 현곡면 등 천연기념물

15

등 숲에 사는 강백신

콩과의 덩굴성 등(藤)은 감아 올라가는 특성을 갖고 있다. 등은 어딘가 의지해서 올라가는 것이 보통이지만 사정이 여의치 않으면 스스로 감아서 위로 올라가는 놀라운 능력을 갖고 있다. 등은 콩과의 갈잎덩굴성 칡을 의미하는 한자 갈(葛)과 더불어 갈등(葛藤)을 낳은 나무이다. 대체로 등은 왼쪽으로, 칡은 오른쪽으로 감아 올라가지만 반대일 경우도 있다. 갈등은 여러 곳에서 사용하지만 선종에서는 본뜻을 알지 못하고 말에만 팔리는 선객을 '갈등선(葛藤禪)'이라 한다. 김시습의 다음 시에서 확인할 수 있다.

- **「민 거사와 함께 조용히 얘기나누다/與閔居士澹話」**270)

거사는 어느 해에 도가의 학문을 배웠는가?/ 居士何年苦學玄

노장의 말을 사람에게 쉽사리 말하지 마소/玄言不易向人宣 .

다만 세상에 통하는 일 없으니/但於世上通無事

인간 별천지를 기꺼이 좋아 즐겨하세./肯把人間別有天

푸른 측백 황색 꽃은 간단하고 분명한 뜻인데/翠柏黃花端的意

맑은 시내 밝은 달은 갈등 선문답이로다./淸溪明月葛藤禪

인연을 잊으려 하나 오히려 헛된 마음이 남아 있으면/忘緣猶有機心在

바른 자리에서는 함께 편안함을 얻지 못하리라/未透同安正位前

우리나라에서 등은 산자락과 동네 어귀 어디서나 볼 수 있지만, 그 중 '부산 범어사 등나무군락'(천연기념물 제176호)과 '경주 오류리 등나무'(천연기념물 89호)가 천연기념물이다. 등은 물가에서도 아주 잘 자라는 특징을 갖고 있다. 워낙 적응력이 뛰어난 생명체라서 어디든 잘 살아가는 능력자이다. 당나라 이조위(李朝威)의 『유의전(柳毅傳)』[271]에는 다음과 같은 등과 관련한 신화가 수록되어 있다.

- 진(秦)나라 중숙현(中宿縣)의 10리 밖에 관정강신(觀亭江神)이 있었는데 매우 영험했다. 지나가는 사람 중 오만무례한 사람이 있으면 반드시 미쳐서 산으로 달려 들어가 호랑이로 변하게 했다. 진(晉)나라 중엽 때 볼모로 잡혀간 사람이 낙양으로 돌아오는 길에 반대편에서 오던 한 나그네를 보았는데, 그 나그네가 그에게 편지를 주면서 부탁했다. "내 집은 관정에 있는데 관정 사당 앞 돌 사이로 등 덩굴이 늘어져 있는 바로 그곳이라오. 그대가 가서 등을 잡아 당기기만 하면 대답하는 사람이 있을 것이오." 그가 돌아가서 나그네의 말대로 하자 과연 두 사람이 물에서 나오더니 편지를 가지고 다시 들어갔다가 이윽고 돌아와 말했다. "강의 신께서 당신을 보자고 합니다." 이 사람은 자신도 모르게 따라가 보니, 집은 아름답고 음식은 감미로웠으며, 말하고 접대하는 것이 인간 세상과 다를 바가 없었다. 지금 세간에서 모두 말하길 관정에는 강백신(江伯神)이 있다고 한다.

강백신은 남조 유송(劉宋)의 유경숙이 지은『이원』에도 등장한다. 강백신이 등 숲에서 사는 모습은 우리나라 경주 오류리 천연기념물 등에 얽힌 신화와 맞닿아 있는 듯해서 매우 흥미롭다.[272)]

- 어느 마을에 열아홉 살, 열일곱 살 먹은 자매가 살고 있었다. 자매는 모두 이웃 집 청년을 사모했다. 그런데 전쟁이 일어나 이웃집 청년이 싸움터에 나갔다. 자매는 모두 눈물지으면서 청년이 돌아오길 기다리다 서로 같은 청년을 사모하고 있다는 것을 알았다. 다정했던 자매가 서로 양보하길 결심하던 차에 그 청년이 전쟁에서 죽었다는 소식을 들었다. 자매는 슬픔을 이기지 못하고 서로 얼싸안고 못에 몸을 던졌다. 그 뒤 연못가에 등나무 두 그루가 자라기 시작했다. 그런데 죽은 줄만 알았던 청년이 훌륭한 화랑이 되어 돌아왔다. 청년은 자매의 슬픈 소식을 듣고 연못에 몸을 던졌다. 그 화랑이 죽은 연못에 팽나무가 자라나와 등 두 그루가 팽나무를 감고 올라가 음력 3월에 탐스러운 꽃송이를 터뜨리고 그윽한 향기를 퍼뜨렸다.

얘기의 주인공은 신라시대 임금이 사냥한 용림(龍林)에 살고 있는 용등(龍藤)이다. 지금도 이곳에는 등이 살고 있다. 등이 감고 있는 팽나무는 썩은 몸만 남아 있지만, 자매는 팽나무를 감고 해마다 꽃을 피운다. 강백신이 산다는 등 숲도 신이 살기에 안성맞춤이다. 등 숲은 '부산 범어사 등나무군락'에서 보듯, 다른 나무의 숲과는 상당히 신비롭다. 신화의 저자가 등을 배경으로 삼은 것도 등 숲이 지닌 특성을 고려했을 가능성이 높다.

| 맺음말 |

중국 신화는 중국사 연구자들에게 피할 수 없는 주제이다. 나무를 학문으로 연구하기 전까지 나에게 신화는 그저 역사시대를 이해하기 전까지의 재미있는 이야기에 지나지 않았다. 그러나 나무를 공부하면서 신화는 역사 연구의 중심으로 자리 잡았다. 게다가 중국신화만이 아니라 인류가 남긴 모든 신화에 관심을 갖기 시작했다. 신화 연구에서 가장 중요한 것은 나무 자체에 대한 이해이다. 왜냐하면 한 그루의 나무가 신화로 바뀌는 것을 이해한다는 것은 곧 나무가 인간에게 어떤 영향을 미치고 있는지를 정확하게 파악한다는 뜻이기 때문이다. 본서에서 다룬 천지 창조 신화를 비롯해서 신농씨의 식물 감정, 인간과 나무와의 관계는 모두 나무에 대한 구체적인 사실을 모르면 이해할 수 없는 내용이다.

중국 신화 연구에서 발견한 또 하나의 사실은 신화의 내용 중 한(漢)나라와 관련한 내용이 적지 않다는 점이다. 『한무제내전』에서 보듯이 무제는 중국 황제 중 신선술을 신봉한 대표적인 인물이었다. 이는 중국의 신화가 신선사상과 밀접한 관계가 있다는 것을 보여준다. 아울러 중국의 신화가 무제와 관련이 많다는 사실은 신화를 통해 통치 방식을 이해할 수 있다는 뜻이다. 신화와 통치 방식의 문제는 무제시기 이후 서진 장화의 『박물지』와 동진 간보의 『수신기』 등 이른바 지괴(志怪) 관련 작품에서 보듯, 역사 연구의 중요한 주제이다. 지괴 작품의 간행은 공자가 괴력난신(怪力亂神)을 얘기하지 않았다는 주장 이후 한나라의 합리주의와 현실주의 및 인간중심의 실천윤리주의가 역사적 사실과 부합하지 않다는 것을 보여주는 사례이다.

그간 중국의 신선사상을 비롯한 지괴 작품에 대해 나무와 관련해서 연구한 사례는 거의 없었다. 신선사상과 나무의 관계는 하나의 사상을 이해하는데도 나무가 중요한 역할을 할 수 있다는 사례를 보여준다. 나무와 사상의 관계는 단순히 중국의 신선 사상에만 해당하는 것이 아니라 세계의 모든 사상을 연구하는 데도 필요하다. 현재 인류가 만든 불교, 기독교, 유교 등을 이해할 때도 반드시 나무에 대한 이해가 필요하다. 왜냐하면 나무를 비롯한 식물은 인간이 자신의 사상을 드러내는 데 아주 편리했기 때문이다. 사상가들이 식물을 통해 자신의 사상을 표현한 까닭은 식물이 사람들의 삶에서 필수불가결한 존재이기 때문이다. 그래서 식물을 통해 인류의 사상을 접근하면 훨씬 흥미로운 결과를 얻을 수 있을 것이다. 예컨대 은행나무와 회화나무를 통해 성리학을 접근하면 성리학의 목적과 문화 등을, 보리수나무를 통해 인도의 불교를 접근하면 인도의 기후와 석가모니의 수행 과정을 동시에 이해할 수 있다.

신화는 나무만이 아니라 풀 및 동물과 밀접한 관계가 있다. 그러나 나는 아직 풀과 동물에 대한 이해가 턱없이 부족하다. 그래서 본서에서는 나무와 관련한 중국 신화만 분석의 대상으로 삼았다. 만약 중국 신화는 물론 인류가 남긴 신화 전체를 나무에 더해 식물과 동물을 함께 분석한다면, 신화 연구는 지금과 전혀 다른 차원에서 이해할 수 있는 길이 열릴 것이다. 신화에 대한 이러한 방법론은 곧 신화를 생태학 차원에서 분석해야 한다는 사실을 의미한다. 특히 우리나라 신화에 대한 생태학 연구는 아주 절실하다. 나는 앞으로 중국 신화만이 아니라 우리나라의 신화에 대해서 큰 관심을 가질 예정이다. 내가 우리나라 신화 연구에서 주목할 부분은 기존의 문헌 자료와 더불어 신화 탄생의 현장이다. 중국 신화 연구에서 가장 아쉬운 점이 바로 현장을 직접 답사하지 못한 것이지만, 한국 신화 연구에서는 현장 답사를 통한 연구를 진행하고자 한다. 신화 연구에서 현장 답사는 아주 중요하다. 왜냐하면 신화는 단순히 추상이 아니라 현장이라는 구상에서 잉태하기 때문이다.

우리나라 신화 연구와 관련해서 신화의 대상에 대해서도 관심을 가질 필요가 있다. 신화에 대한 개념은 아주 다양하지만, 천연기념물 나무 혹은 보호수와 관련한 이야기도 신화 속에 포함할 필요가 있다. 그러나 우리나라의 경우 현재 신화 연구에서 천연기념물을 분석의 대상으로 삼고 있는 사례는 매우 드물다. 중국 신화에서 보았듯이 신화 속에 나무가 중요한 비중을 차지한다면 천연기념물 나무에 얽힌 이야기도 아주 소중한 문화유산이다. 만약 천연기념물 나무 및 보호수와 관련한 얘기를 신화 속에서 다룬다면 우리나라 신화 연구는 한층 그 폭과 깊이를 더할 것이다. 왜냐하면 천연기념물 및 보호수는 현재 살아 있는 존재이기 때문이다. 살아 있는 존재를 신화의 대상으로 삼으면 신화 연구는 전혀 다른 차원에서 이루어지는 셈이고, 그 가치도 현실에서 구체적으로 구현할 수 있다.

신화는 인류가 발휘한 상상력의 알파와 오메가이다. 신화 없는 인류의 역사는 존재할 수 없다. 신화는 단순히 과거의 사실이 아니라 미래이다. 신화의 힘은 바로 여기에 있다. 그래서 식물과 동물을 대상으로 한 신화 연구는 앞으로 인문학이 가야할 길을 안내하는 나침반과 같다. 인문학자가 인류의 존재 기반인 자연생태를 학문의 대상으로 삼는 과정이 곧 융합의 실천이다. 융합은 인문학이 반드시 가야할 길이지만, 한국의 인문학계는 융합의 길목에도 도달하지 못했다. 반드시 가야할 길이라면 한시라도 빨리 주저 없이 발걸음을 내디뎌야만 생존할 수 있다. 현재 인문학은 절체절명의 위기에 놓여 있다. 위기 극복의 유일한 길은 인문학자들이 직접 대안을 마련하는 것이다. 왜냐하면 인문학자는 인문학의 위기를 극복할 수 있는 주체이기 때문이다.

미주

1) 신화의 개념과 중국 및 유럽 신화의 차이점, 그리고 중국신화사 연구에 대해서는 위안커 지음, 김선자·이유진·홍윤희 옮김, 『중국신화사』(상), 웅진지식하우스, 2010, 15-57쪽 참조.
2) 위안커 지음, 김선자·이유진·홍윤희 옮김, 위의 책, 297쪽.
3) 梁芳雄 集解, 『초간노자』, 예경, 2003, 19-21쪽.
4) 馬驌, 『繹史』권1, 廣文書局, 1969, 1쪽.
5) 董斯張, 『廣博物志』권9, 臺灣商務印書館, 1983, 178쪽.
6) 유안 지음, 이석명 옮김, 『회남자』2, 소명출판, 2010, 373쪽.
7) 한국고전종합DB, 李荇, 『容齋外集』 '賦', 2022년 8월 12일 인용, https://db.itkc.or.kr
8) 주희, 여조겸 편저, 엽채 주해, 이광호 역주,『근사록집해Ⅰ』, 아카넷, 2004, 61-76쪽.
9)『공동번역 성서』, 대한성서공회 , 1986, 1-2쪽.
10) 위안커 지음, 김선자·이유진·홍윤희 옮김, 앞의 책, 76쪽.
11) 유경숙 지음, 김장환 옮김, 『이원』, 지만지, 2019, 85쪽.
12) 유경숙 지음, 김장환 옮김, 앞의 책, 146-147쪽.
13) 張英 等, 『淵鑑類函』(十二), 上海古籍出版社, 1990, 7630쪽.
14) 강판권, 『어느 인문학자의 나무세기』, 지성사, 65쪽,
15) 唐 韓鄂 저, 崔德卿 역주, 『사시찬요 역주』, 세창출판사, 2017, 64쪽.
16)『五倫行實圖』(乾), 學民文化社, 1997, 86-88쪽.
17) 가사협 편찬, 구자옥 외 옮김, 『제민요술』, 한국농업사학회, 2007, 749쪽.
18) 강판권, 『세상을 바꾼 나무』, 다른, 2011, 96-97쪽.
19) 강두의 글자와 특징에 대해서는 李時珍, 『本草綱目』(下), 人民衛生出版社, 1982, 1519쪽 참조.
20) 강판권, 『청대 강남의 농업 경제』, 혜안, 2004, 217-253쪽.
21) 成百曉 譯註, 『懸吐完譯 論語集註』, 傳統文化硏究會, 1999, 340쪽.
22) 成百曉 譯註, 위의 책, 354쪽.
23) 成百曉 譯註, 위의 책, 傳統文化硏究會, 2019, 328쪽.
24) 일연 지음, 고운기 옮김, 『삼국유사』, 홍익출판사, 2001, 44쪽.

25) 한국고전종합DB, 安鼎福, 『東史綱目』제1상, 2022년 9월 12일 인용, https://db.itkc.or.kr

26) 莊子, 『南華經』(坤), 學民文化社, 1993, 361쪽.

27) 신채식, 앞의 책, 98쪽 주34).

28) 朱橚, 『救荒本草』, 臺灣商務印書館, 1983.

29) 가사협 편찬, 구자옥 외 옮김, 앞의 책, 370-371쪽.

30) 劉祖憲, 『橡繭圖說』, 河南教育出版社, 1994, 557쪽.

31) 成百曉 譯註, 앞의 책, 64쪽.

32) 동방삭 지음, 김지선 옮김, 『신이경』, 지만지, 2008, 139쪽.

33) 유흠 지음, 갈홍 엮음, 김장환 옮김, 『서경잡기』, 지만지, 2008, 101쪽.

34) 가사협 편찬, 구자옥 외 옮김, 앞의 책, 307-308쪽.

35) 鄭玄 注, 『禮記』, 中華書局, 1970, 3-4쪽.

36) 한국고전종합DB, 尹善道, 『孤山遺稿』1권, 2022년 9월 7일 인용, https://db.itkc.or.kr

37) 한국고전종합DB, 許穆, 『記言』63권, 2022년 9월 7일 인용, https://db.itkc.or.kr

38) 李昉, 『太平御覽』, 上海古籍出版社, 1994, 746쪽.

39) 한비 지음, 김원중 옮김, 『한비자』, 글항아리, 2012, 652쪽.

40) 한비 지음, 김원중 옮김, 앞의 책.

41) 成百曉 譯註, 『懸吐完譯 書經集傳』(上), 傳統文化硏究會, 2001, 30-31쪽.

42) 정재서 역주, 앞의 책, 301쪽.

43) 莊子,『南華經』(乾) , 學民文化社, 1993, 6쪽.

44) 한비 지음, 김원중 옮김, 앞의 책. 562쪽.

45) 한비 지음, 김원중 옮김, 앞의 책. 563쪽.

46) 成百曉 譯註, 『懸吐完譯 孟子集註』, 傳統文化硏究會, 1991, 90쪽.

47) 유안 지음, 이석명 옮김, 『회남자』1, 소명출판, 2010, 255쪽.

48) 정재서 역주, 앞의 책, 291쪽.

49) 정재서 역주, 앞의 책, 254쪽.

50) 유안 지음, 이석명 옮김, 『회남자』1, 200-201쪽.

51) 동방삭 지음, 김지선 옮김, 앞의 책, 28쪽.

52) 정재서 역주, 앞의 책, 330쪽.

53) 위안커 지음, 김선자·이유진·홍윤희 옮김, 앞의 책, 258쪽.

54) 司馬遷, 『史記』, 景仁文化社, 1975, 1-3쪽.

55) 司馬遷, 위의 책, 1-48쪽.

56) 중국의 역대 농구에 대해서는 周昕, 『中國農具發展史』, 山東科學技術出版社, 2005 참조.

57) 선농단에 대해서는 한국고전종합DB, 『太宗實錄』태종 14년 갑오(1414) 6월 13일(갑인), 2022년 9월 12일 인용, https://db.itkc.or.kr

58) 유안 지음, 이석명 옮김, 앞의 책, 513-514쪽.

59) 干寶, 『搜神記』, 臺灣商務印書館, 1983, 367쪽.

60) 앙소문화와 용산문화에 대해서는 신채식, 『동양사개론』, 삼영사, 2018, 70-74쪽 참조.

61) 李時珍, 『本草綱目』(上), 人民衛生出版社. 2002, 1227쪽.

62) 정재서 역주, 앞의 책, 212쪽.

63) 『명의별록』이 도홍경의 작품인가의 여부는 논쟁으로 남아 있다. 이에 대해서는 王家葵, 『陶弘景叢考』, 齊魯書社, 2003, 97-98쪽 참조.

64) 干寶, 앞의 책, 434쪽.

65) 金榮鎭 譯註, 『朝鮮時代前期農書』, 韓國農村經濟硏究院, 1984, 29쪽.

66) 한국고전종합DB, 兪好仁, 『續東文選』3권, 2022년 9월 7일 인용, https://db.itkc.or.kr

67) 한국고전종합DB, 金允植, 『雲養集』6권, 2022년 9월 7일 인용, https://db.itkc.or.kr

68) 정재서 역주, 앞의 책, 311쪽.

69) 유안 지음, 이석명 옮김, 『회남자』1, 379쪽.

70) 유안 지음, 이석명 옮김, 앞의 책.

71) 반고, 신정근 역주, 『백호통의』, 소명출판, 2005, 341-342쪽.

72) 여불위 지음, 김근 옮김, 『여씨춘추』, 2012, 104-105쪽.

73)『孟子附諺解』(坤), 學民文化社, 1990, 163쪽.

74)『孟子附諺解』(乾), 學民文化社, 1990, 241쪽.

75) 한국고전종합DB, 李荇,『新增東國輿地勝覽』21권, 2022년 9월 8일 인용, https://db.itkc.or.kr

76) 정재서 역주, 앞의 책, 312쪽.

77) 班固,『漢武帝內傳』, 臺灣商務印書館, 1983, 290쪽.

78) 李時珍, 앞의 책, 1741쪽.

79) 李時珍, 앞의 책.

80) 유안 지음, 이석명 옮김,『회남자』1, 306쪽.

81) 李時珍, 앞의 책.

82) 가사협 편찬, 구자옥 외 옮김, 앞의 책, 282쪽.

83) 가사협 편찬, 구자옥 외 옮김, 앞의 책, 284쪽.

84) 司馬遷,『史記』,「大宛列傳」, 3170쪽.

85) 한국고전종합DB, 金進洙,『碧蘆續集』3권, 2022년 9월 8일 인용, https://db.itkc.or.kr

86) 吳承恩,『西遊記』(上), 人民文學出版社, 1980, 55쪽.

87) 동방삭 지음, 김지선 옮김, 앞의 책, 143-144쪽.

88) 장화 지음, 임동석 역주, 앞의 책, 403쪽.

89) 成百曉 譯註,『懸吐完譯 書經集傳』(上), 傳統文化研究會, 2000, 379-380쪽.

90) 유향 지음, 김장환 옮김,『열선전』, 지만지, 2008, 123쪽.

91) 司馬遷,『史記』126권, 3205쪽.

92) 동방삭 지음, 김지선 옮김, 앞책, 32쪽.

93) 갈홍 지음, 김장환 옮김,『신선전』, 지만지, 2010, 110-113쪽.

94) 일연 지음, 고운기 옮김, 앞의 책, 57-60쪽.

95) 가사협 편찬, 구자옥 외 옮김, 앞의 책, 276쪽.

96) 한국고전종합DB, 金正喜,『阮堂全集』9권, 2022년 9월 8일 인용, https://db.itkc.or.kr

97) 유관의『타조보(打棗譜)』에는 대나무의 종류 중 '대조'가 따로 있다(吳其濬,『植物名實圖考長編』(下), 世界書局, 1975, 813쪽).

98) 司馬遷,『史記』제28권,「封禪書」, 1385쪽.

99) 유향 지움, 김장환 옮김,『열선전』, 94-95쪽.

100) 班固,『漢書』, 제25권상,「郊祀志」五上, 景仁文化社, 1975, 12175쪽.

101) 위안커 지음, 김선자 외 옮김,『중국신화사』(상), 415쪽

102) 한국고전종합DB, 李崇仁, 陶隱集 3권, 2022년 9월 8일 인용, https://db.itkc.or.kr

103) 동방삭 지음, 김지선 옮김, 앞의 책, 127쪽.

104) 가사협 편찬, 구자옥 외 옮김, 앞의 책, 275쪽.

105) 가사협 편찬, 구자옥 외 옮김, 앞의 책, 277쪽.

106) 吳其濬, 앞의 책, 812-814쪽.

107) 갈홍 지음, 김장환 옮김, 앞의 책, 148쪽.

108) 劉義慶 撰, 張貞海 譯註,『유명록』, 살림, 2000, 259쪽.

109) 李時珍, 앞의 책, 1759쪽.

110) 이충구 등 앞의 책,『이아주소』5, 61-68쪽.

111) 석성한 교주, 최덕경 역주,『농상집요 역주』, 세창출판사, 2012, 465쪽.

112) 李時珍, 앞의 책,

113) 정학유 지음, 허경진 김형태 옮김,『시명다식』, 한길사. 2007, 299쪽.

114) 干寶,『搜神記』권11, 臺灣商務印書館, 1983, 417쪽.

115) 李時珍,『本草綱目』(上), 465쪽.

116)『晉書』제36권,「張華列傳」, 景仁文化社, 1975, 1075-1076쪽.

117) 장화 지음, 임동석 역주, 앞의 책 참조.

118) 한국고전종합DB, 宋浚吉,『同春堂集·續集』5권 2022년 9월 8일 인용, https://db.itkc.or.kr

119) 金性堯 注,『唐詩三百首新注』, 上海古籍出版社, 1988.

120)『懸吐傍點詩傳附諺解』(一), 學民文化社, 2014, 348쪽.

121) 酈道元, 思念林 外 注,『水經注』(上), 華夏出版社, 2006, 198-202쪽.

122) 成百曉 譯註,『懸吐完譯 詩經集傳』(上), 傳統文化研究會, 2019, 155쪽.

123)『懸吐傍點詩傳附諺解』(一), 428쪽.

124)『懸吐傍點詩傳附諺解』(二), 316쪽.

125)『懸吐傍點詩傳附諺解』(二), 561쪽;563쪽.

126)『懸吐傍點詩傳附諺解』(三), 570쪽.

127) 史爲樂,『中國地名語源詞典』, 上海辭書出版社, 1995, 310쪽.

128)『懸吐傍點詩傳附諺解』(三), 615쪽.

129) 成百曉 譯註, 懸吐完譯 詩經集傳』(下), 傳統文化硏究會, 2019, 417쪽; 434쪽.

130)『懸吐傍點論語附諺解』(二), 學民文化社, 2009, 254쪽.

131) 成百曉 譯註,『懸吐完譯 論語集註』, 181쪽.

132) 成百曉 譯註,『懸吐完譯 書經集傳』(上), 傳統文化硏究會, 2000, 47-50쪽.

133) 司馬遷,『史記』권6,「秦始皇本紀」제6, 243쪽.

134) 司馬遷,『史記』권28,「封禪書」제6, 1367쪽.

135) https://baike.baidu.com/item/五大夫松/85911

136) 반고, 신정근 역주, 앞의 책, 452쪽.

137)『懸吐傍點 論語附諺解』(一), 學民文化社, 2009, 264-265쪽.

138) 成百曉 譯註,『懸吐完譯 論語集註』, 64쪽.

139) 司馬遷,『史記』권128, 3226쪽.

140) 李時珍, 앞의 책, 1917쪽.

141) 李時珍, 앞의 책, 1918쪽.

142) 유향 지음, 김장환 옮김,『열선전』, 지만지, 2008, 44-45쪽. 이러한 사실은 김시습의『梅月堂詩集』 권9,「遊關西錄」, '老翁授我道德經一部'에도 실려 있다.

143) 吳其濬, 앞의 책, 1031쪽.

144) 조비 지음, 김장환 옮김,『열이전』, 지만지, 2011, 7-8쪽.

145) 司馬遷,『史記·秦本紀』권5, 180쪽.

146)『後漢書』권82下,「方術列傳」권72下, 2750쪽.

147) 한국고전종합DB, 尹善道, 『孤山遺稿』1권, 2022년 9월 9일 인용, https://db.itkc.or.kr

148) 한국고전종합DB, 宋翼弼, 『龜峯集』2권, 2022년 9월 9일 인용, https://db.itkc.or.kr

149) 한국고전종합DB, 『英祖實錄』 영조 46년 경인(1770)10월 8일(경진), 2022년 8월 9일 인용, https://db.itkc.or.kr

150) 『史記·秦本紀』권5, 180쪽.

151) 酈道元, 思念林 外 注, 『水經注』(上), 359쪽.

152) 한국고전종합DB, 李奎報, 『東國李相國集』7권, 2022년 9월 9일 인용, https://db.itkc.or.kr

153) 이충구 등 앞 책, 『이아주소』5, 79쪽.

154) 이충구 등 앞 책, 『이아주소』5, 80쪽.

155) 이충구 등 앞 책, 앞의 책.

156) 成百曉 譯註, 『懸吐完譯 詩經集傳』(上), 128쪽.

157) 정학유 지음, 허경진 김형태 옮김, 앞의 책, 246쪽.

158) 李時珍, 앞의 책,

159) 成百曉 譯註『懸吐完譯 書經集傳』(下), 172-173쪽.

160) 成百曉 譯註, 『懸吐完譯 孟子集註』, 176쪽.

161) 『古文眞寶大全』(後集), 學民文化社, 1992, 275-282쪽.

162) 李時珍, 앞의 책, 1994쪽.

163) 張英 等, 앞의 책, 7195쪽.

164) 潘富俊著, 呂勝由 撮影,『詩經植物圖鑑』, 上海書店出版社, 2003, 92-92쪽.

165) 成百曉 譯註, 『懸吐完譯 詩經集傳』(下), 75쪽.

166) 潘富俊著, 呂勝由 撮影, 앞의 책, 93쪽.

167) 유경숙 지음, 김장환 옮김, 앞의 책, 413쪽.

168) 유경숙 지음, 김장환 옮김, 앞의 책, 8쪽.

169) 『史記』권1, 「五帝本紀」, 44쪽.

170) 유경숙 지음, 김장환 옮김, 앞의 책, 421쪽.

171) 동방삭 지음, 김지선 옮김, 앞의 책, 101쪽.

172) 좌구명 저, 신동준 역주, 『國語』, 인간사랑, 2017, 197쪽.

173) 莊子, 앞의 책, 464쪽.

174) 정재서 역주, 앞의 책, 294쪽.

175) 何明·廖國强 著, 『中國竹文化』, 人民出版社, 2007, 2-3쪽.

176) 이충구 등 앞 책, 『이아주소』4, 290쪽.

177) 유경숙 지음, 김장환 옮김, 앞의 책, 70쪽.

178) 유경숙 지음, 김장환 옮김, 앞의 책, 75쪽.

179) 常璩, 『華陽國志』, 中華書局, 1991, 45쪽.

180) 『史記·周本紀』권4, 110쪽.

181) 유경숙 지음, 김장환 옮김, 앞의 책, 74쪽.

182) 『後漢書)·南蠻西南夷列傳·夜郎』제76, 2844쪽.

183) 한국고전종합DB, 趙秀三, 『秋齋集』7권, 2022년 8월 18일 인용, https://db.itkc.or.kr

184) 조충지 지음, 김장환 옮김, 『술이기』, 쪽.

185) 장화 지음, 임동석 역주, 앞의 책, 369쪽.

186) 陳維東·邵王錚 主編, 『竹』, 學苑出版社, 2003, 144쪽.

187) 한국고전종합DB, 崔岦, 『簡易集』6권, 2022년 9월 10일 인용, https://db.itkc.or.kr

188) 『晉書』권80, 「王徽之傳」, 2103쪽.

189) 한국고전종합DB, 丁若鏞, 『經世遺表』8권, 2022년 9월 11일 인용, https://db.itkc.or.kr

190) 한국고전종합DB, 車天輅, 『五山集』2권, 2022년 9월 11일 인용, https://db.itkc.or.kr

191) 일연 지음, 고운기 옮김, 앞의 책, 93-95쪽.

192) 일연 지음, 고운기 옮김, 앞의 책, 115-116쪽.

193) 한국고전종합DB, 李穀, 『稼亭集』1권, 2022년 9월 11일 인용, https://db.itkc.or.kr

194) 동방삭, 김지선 앞의 책, 68쪽.

195) 갈홍 지음, 김장환 옮김, 『신선전』, 지만지, 2010, 133-140쪽.

196)『詩傳』, 學民文化社, 2014, 285-288쪽.

197) 한국고전종합DB, 成俔,『虛白堂風雅錄)』2권, 2022년 9월 12일 인용, https://db.itkc.or.kr

198) 왕가 지음, 김영지 옮김, 앞의 책, 24-26쪽.

199) 유경숙 지음, 김장환 옮김, 앞의 책, 72쪽.

200) 유경숙 지음, 김장환 옮김, 앞의 책, 456쪽.

201) 유경숙 지음, 김장환 옮김, 앞의 책, 135쪽.

202) 許愼 撰, 段玉裁 注,『說文解字注』, 上海古籍出版社. 1988, 670쪽.

203) 許愼 撰, 段玉裁 注, 앞의 책.

204) 정재서 역주, 앞의 책, 91-92쪽.

205) 오균 지음, 김장환 옮김,『속제해기』, 지만지, 2012, 68쪽.

206) 上海辭書出版社 編,『中國地名語源詞典』, 上海辭書出版社. 1995, 389쪽.

207) 유경숙 지음, 김장환 옮김, 앞의 책, 12쪽.

208) 한국고전종합DB, 李穀,『稼亭集』17권, 2022년 9월 12일 인용, https://db.itkc.or.kr

209) 한국고전종합DB, 鄭麟趾,,『治平要覽』103권, 2022년 9월 12일 인용, https://db.itkc.or.kr

210) 한국고전종합DB, 車天輅,『五山集』2권, 2022년 9월 13일 인용, https://db.itkc.or.kr

211) 한국고전종합DB, 魯認,『錦溪日記』, 2022년 9월 13일 인용, https://db.itkc.or.kr

212) 한국고전종합DB, 李象靖,『大山集』2권, 2022년 9월 13일 인용, https://db.itkc.or.kr

213) 기태완 역주,『퇴계매화시첩』, 보고사, 2007, 98-99쪽.

214) 李時珍, 앞의 책, 2002쪽.

215) 한국고전종합DB, 李瀷,『星湖全集』50권, 2022년 9월 13일 인용, https://db.itkc.or.kr

216) 周煇,『清波雜志』권9, 中華書局, 1995, 85쪽.

217) 한국고전종합DB, 李睟光,『芝峯集』11권, 2022년 9월 13일 인용, https://db.itkc.or.kr

218) 한국고전종합DB, 金允植,『雲養集』3권, 2022년 9월 13일 인용, https://db.itkc.or.kr

219) 유안 지음, 이석명 옮김,『회남자』1, 291-332쪽.

220)『史記』권84, 2490쪽.

221) 『古文眞寶大全』(後集), 20쪽.

222) 班固, 『漢書』권96상, 3876쪽.

223) 金富軾, 『三國史記』권27, 「百濟本紀」제5.

224) 李時珍, 앞의 책, 2032쪽.

225) 한국고전종합DB, 崔慶昌, 『孤竹遺稿』, 2022년 9월 13일 인용, https://db.itkc.or.kr

226) 陶潛, 『陶靖節集』卷4, 商務印書館, 1939. 67쪽.

227) 李時珍, 앞의 책, 2037쪽.

228) 한국고전종합DB, 權好文, 『松巖集續集』5권, 2022년 9월 13일 인용, https://db.itkc.or.kr

229) 한국고전종합DB, 張維, 『谿谷先生集』26권, 2022년 9월 13일 인용, https://db.itkc.or.kr

230) 가사협 편찬, 구자옥 외 옮김, 앞의 책, 367쪽.

231) 유경숙, 앞의 책, 400쪽.

232) 저포의 기원과 내용에 대해서는 이규경(李圭景)의 『오주연문장전산고(五洲衍文長箋散稿)』 「희구변증설(戲具辨證說)」에 자세하다(한국고전종합DB, 李圭景, 『五洲衍文長箋散稿)』, 2022년 9월 13일 인용, https://db.itkc.or.kr).

233) 한국고전종합DB, 張維, 『谿谷先生集』29권, 2022년 9월 14일 인용, https://db.itkc.or.kr

234) 한국고전종합DB, 張維, 『谿谷先生集』29권, 2022년 9월 14일 인용, https://db.itkc.or.kr

235) 가사협 편찬, 구자옥 외 역주, 앞의 책, 352쪽.

236) 가사협 편찬, 구자옥 외 역주, 앞의 책, 352-353쪽.

237) 李時珍, 앞의 책, 1861쪽.

238) 오균 지음, 김장환 옮김, 앞의 책, 58-59쪽.

239) 갈홍 지음, 김장환 옮김, 앞의 책.

240) 『後漢書』권82, 下, '方術列傳', 2743-2744쪽.

241) 李時珍, 앞의 책, 1861-1862쪽.

242) 李時珍, 앞의 책, 1862.

243) 가사협 편찬, 구자옥 등 역주, 앞의 책, 327쪽.

244) 한국고전종합DB, 具庠, 『無名子集』3책, 2022년 9월 14일 인용, https://db.itkc.or.kr

245) 한국고전종합DB, 張維, 『谿谷先生集』28권, 2022년 9월 14일 인용, https://db.itkc.or.kr

246) 한국고전종합DB, 李健命, 『寒圃齋集』1권, 2022년 9월 14일 인용, https://db.itkc.or.kr

247) 한국고전종합DB, 金昌協, 『農巖集』1권, 2022년 9월 14일 인용, https://db.itkc.or.kr

248) 王維, 『王摩詰文集』 卷5(한국고전종합DB, 尹善道, 『孤山遺稿』3권하, 주10, 2022년 9월 14일 인용, https://db.itkc.or.kr).

249) 陳淏子, 『花鏡』, 河南教育出版社, 1994, 85쪽.

250) 이충구 외, 앞의 책, 13쪽.

251) 陳淏子, 앞의 책.

252) 오균 지음, 김장환 옮김, 『속제해기』, 지만지, 2012, 쪽.

253) 宗懍 撰, 杜公瞻 注, 『荊楚歲時記』, 中華書局, 1991, 14쪽.

254) 한국고전종합DB, 李裕元, 『嘉梧藁略』1册, 2022년 9월 14일 인용, https://db.itkc.or.kr

255) 李時珍, 앞의 책, 1915쪽.

256) 李時珍, 앞의 책.

257) 李時珍, 앞의 책. 1915-1916쪽.

258) 한국고전종합DB, 洪萬選, 『山林經濟』1권, 2022년 9월 14일 인용, https://db.itkc.or.kr

259) 한국고전종합DB, 崔岦, 『簡易集』6권, 2022년 9월 14일 인용, https://db.itkc.or.kr

260) 한국고전종합DB, 崔岦, 『簡易集』8권, 2022년 9월 14일 인용, https://db.itkc.or.kr

261) 한국고전종합DB, 『日省錄』 정조 21년 정사(1797) 12월 19일(갑인), 2022년 9월 14일 인용, https://db.itkc.or.kr

262) 한국고전종합DB, 『國朝寶鑑』16권, 2022년 9월 14일 인용, https://db.itkc.or.kr

263) 한국고전종합DB, 蔡濟恭, 『樊巖集』8권, 2022년 9월 14일 인용, https://db.itkc.or

264) 한국고전종합DB, 洪萬選, 『山林經濟』3권, 2022년 9월 14일 인용, https://db.itkc.or.kr

265) 이방 외 지음. 김장환 옮김, 『태평광기』, 지만지, 2008, 134-157쪽.

266) 한국고전종합DB, 權近, 『陽村先生集』2권, 2022년 9월 14일 인용, https://db.itkc.or.kr

267) 한국고전종합DB, 張維, 『谿谷先生集』29권, 2022년 9월 14일 인용, https://db.itkc.or.kr

268) 劉義慶 撰, 張貞海 譯註, 앞의 책, 327쪽.

269) 한국고전종합DB, 正祖, 『弘齋全書』178권, 2022년 9월 14일 인용, https://db.itkc.or.kr

270) 한국고전종합DB, 金時習, 『梅月堂詩集』9권, 2022년 9월 14일 인용, https://db.itkc.or.kr

271) 위안커 지음, 앞의 책, 29-30쪽.

272) 이유미, 『우리가 정말 알아야 할 우리나무 백 가지』, 현암사, 1995, 85쪽.

참고문헌

가사협 편찬, 구자옥 외 옮김, 『제민요술』, 한국농업사학회, 2007.

干寶, 『搜神記』, 臺灣商務印書館, 1983.

갈홍 지음, 김장환 옮김, 『신선전』, 지만지, 2010.

강판권, 『세상을 바꾼 나무』, 다른, 2011.

강판권, 『어느 인문학자의 나무세기』, 지성사, 2002.

강판권, 『청대 강남의 농업 경제』, 혜안, 2004.

『古文眞寶大全』(後集), 學民文化社, 1992.

『공동번역 성서』, 대한성서공회 , 1986.

기태완 역주, 『퇴계매화시첩』, 보고사, 2007.

金榮鎭 譯註,『朝鮮時代前期農書』, 韓國農村經濟研究院, 1984.

金性堯 注, 『唐詩三百首新注』, 上海古籍出版社, 1988.

陶潛, 『陶靖節集』, 商務印書館, 1939.

董斯張, 『廣博物志』, 臺灣商務印書館, 1983.

동방삭 지음, 김지선 옮김, 『신이경』, 지만지, 2008.

馬驌, 『繹史』, 廣文書局, 1969.

『孟子附諺解』(坤), 學民文化社, 1990.

『孟子附諺解』(乾), 學民文化社, 1990.

반고, 신정근 역주,『백호통의』, 소명출판, 2005.

班固, 『漢武帝內傳』, 臺灣商務印書館, 1983.

班固, 『漢書』, 景仁文化社, 1975.

潘富俊著, 呂勝由 撮影,『詩經植物圖鑑』, 上海書店出版社, 2003.

史爲樂, 『中國地名語源詞典』, 上海辭書出版社, 1995.

司馬遷, 『史記』, 景仁文化社, 1975.

常璩, 『華陽國志』, 中華書局, 1991.

上海辭書出版社 編,『中國地名語源詞典』, 上海辭書出版社. 1995.

석성한 교주, 최덕경 역주, 『농상집요 역주』, 세창출판사, 2012.
成百曉 譯註, 『懸吐完譯 詩經集傳』(上), 傳統文化硏究會, 2019.
成百曉 譯註, 懸吐完譯 詩經集傳』(下), 傳統文化硏究會, 2019.
成百曉 譯註, 『懸吐完譯 論語集註』, 傳統文化硏究會, 1999.
成百曉 譯註, 『懸吐完譯 孟子集註』, 傳統文化硏究會, 1991.
成百曉 譯註,『懸吐完譯 書經集傳』(上), 傳統文化硏究會, 2000.
成百曉 譯註『懸吐完譯 書經集傳』(下), 傳統文化硏究會, 2001.
『詩傳』, 學民文化社, 2014.
梁芳雄 集解, 『초간노자』, 예경, 2003.
王家葵, 『陶弘景叢考』, 齊魯書社, 2003.
여불위 지음, 김근 옮김, 『여씨춘추』, 2012.
酈道元, 思念林 外 注, 『水經注』(上), 華夏出版社, 2006.
유경숙 지음, 김장환 옮김, 『이원』, 지만지, 2019.
유안 지음, 이석명 옮김, 『회남자』1, 소명출판, 2010.
유안 지음, 이석명 옮김, 『회남자』2, 소명출판, 2010.
유향 지음, 김장환 옮김, 『열선전』, 지만지, 2008.
유흠 지음, 갈홍 엮음, 김장환 옮김, 『서경잡기』, 지만지, 2008.
위안커 지음, 김선자·이유진·홍윤희 옮김, 『중국신화사』(상), 웅진지식하우스, 2010.
오균 지음, 김장환 옮김, 『속제해기』, 지만지, 2012.
吳其濬, 『植物名實圖考長編』(下), 世界書局, 1975.
吳承恩,『西遊記』, 人民文學出版社, 1980.
劉祖憲, 『橡繭圖說』, 河南教育出版社, 1994.
李昉, 『太平御覽』, 上海古籍出版社, 1994.
이방 외 지음. 김장환 옮김, 『태평광기』, 지만지, 2008.
李時珍, 『本草綱目』(上), 人民衛生出版社. 2002.

李時珍, 『本草綱目』(下), 人民衛生出版社, 1982.

이유미, 『우리가 정말 알아야 할 우리나무 백 가지』, 현암사, 1995.

일연 지음, 고운기 옮김, 『삼국유사』, 홍익출판사, 2001.

張英 等, 『淵鑑類函』, 上海古籍出版社, 1990.

莊子,『南華經』(乾) , 學民文化社, 1993.

莊子, 『南華經』(坤), 學民文化社, 1993.

장화 지음, 임동석 역주, 『박물지』, 고즈윈, 2004.

정재서 역주, 『산해경』, 민음사, 2004.

정학유 지음, 허경진 김형태 옮김, 『시명다식』, 한길사. 2007.

鄭玄 注, 『禮記』, 中華書局, 1970.

조비 지음, 김장환 옮김, 『열이전』, 지만지, 2011.

조충지 지음, 김장환 옮김, 『술이기』, 지만지, 2014.

宗懍 撰, 杜公瞻 注, 『荊楚歲時記』, 中華書局, 1991.

朱橚, 『救荒本草』, 臺灣商務印書館, 1983.

좌구명 저, 신동준 역주, 『國語)』, 인간사랑, 2017.

周煇, 『清波雜志』, 中華書局, 1995.

周昕, 『中國農具發展史』, 山東科學技術出版社, 2005.

주희, 여조겸 편저, 엽채 주해, 이광호 역주, 『근사록집해 I 』, 아카넷, 2004.

『晉書』, 景仁文化社, 1975.

陳維東·邵王錚 主編, 『竹』, 學苑出版社, 2003.

陳淏子, 『花鏡』, 河南教育出版社, 1994.

何明·廖國强 著, 『中國竹文化』, 人民出版社, 2007.

한비 지음, 김원중 옮김, 『한비자』, 글항아리, 2012.

唐 韓鄂 저, 崔德卿 역주, 『사시찬요 역주』, 세창출판사, 2017.

許愼 撰, 段玉裁 注, 『說文解字注』, 上海古籍出版社. 1988.

『懸吐傍點 論語附諺解』(一), 學民文化社, 2009.
『懸吐傍點論語附諺解』(二), 學民文化社, 2009.
『懸吐傍點詩傳附諺解』(一), 學民文化社, 2014.
한국고전종합DB, 李荇, 『容齋外集』 '賦', 2022년 8월 12일 인용, https://db.itkc.or.kr
한국고전종합DB, 尹善道, 『孤山遺稿』1권, 2022년 9월 7일 인용, https://db.itkc.or.kr
한국고전종합DB, 許穆, 『記言』63권, 2022년 9월 7일 인용, https://db.itkc.or.kr
한국고전종합DB, 兪好仁, 『續東文選』3권, 2022년 9월 7일 인용, https://db.itkc.or.kr
한국고전종합DB, 金允植, 『雲養集』6권, 2022년 9월 7일 인용, https://db.itkc.or.kr
한국고전종합DB, 趙秀三, 『秋齋集』7권, 2022년 8월 18일 인용, https://db.itkc.or.kr
한국고전종합DB, 成俔, 『虛白堂風雅錄)』2권, 2022년 9월 12일 인용, https://db.itkc.or.kr
한국고전종합DB, 正祖, 『弘齋全書』178권, 2022년 9월 14일 인용, https://db.itkc.or.kr
한국고전종합DB, 金時習, 『梅月堂詩集』9권, 2022년 9월 14일 인용, https://db.itkc.or.kr
한국고전종합DB, 權近, 『陽村先生集』2권, 2022년 9월 14일 인용, https://db.itkc.or.kr
한국고전종합DB, 張維, 『谿谷先生集』29권, 2022년 9월 14일 인용, https://db.itkc.or.kr
한국고전종합DB, 李裕元, 『嘉梧藁略』1册, 2022년 9월 14일 인용, https://db.itkc.or.kr
한국고전종합DB, 洪萬選, 『山林經濟』1권, 2022년 9월 14일 인용, https://db.itkc.or.kr
한국고전종합DB, 崔岦, 『簡易集』6권, 2022년 9월 14일 인용, https://db.itkc.or.kr
한국고전종합DB, 崔岦, 『簡易集』8권, 2022년 9월 14일 인용, https://db.itkc.or.kr
한국고전종합DB, 『日省錄』 정조 21년 정사(1797) 12월 19일(갑인), 2022년 9월 14일 인용, https://db.itkc.or.kr
한국고전종합DB, 『國朝寶鑑』16권, 2022년 9월 14일 인용, https://db.itkc.or.kr
한국고전종합DB, 蔡濟恭, 『樊巖集』8권, 2022년 9월 14일 인용, https://db.itkc.or
한국고전종합DB, 洪萬選, 『山林經濟』3권, 2022년 9월 14일 인용, https://db.itkc.or.kr
한국고전종합DB, 李穀, 『稼亭集』17권, 2022년 9월 12일 인용, https://db.itkc.or.kr
한국고전종합DB, 鄭麟趾,, 『治平要覽』103권, 2022년 9월 12일 인용, https://db.itkc.or.kr

한국고전종합DB, 車天輅, 『五山集』2권, 2022년 9월 13일 인용, https://db.itkc.or.kr
한국고전종합DB, 魯認, 『錦溪日記』, 2022년 9월 13일 인용, https://db.itkc.or.kr
한국고전종합DB, 李象靖, 『大山集』2권, 2022년 9월 13일 인용, https://db.itkc.or.kr
한국고전종합DB, 李睟光, 『芝峯集』11권, 2022년 9월 13일 인용, https://db.itkc.or.kr
한국고전종합DB, 金允植, 『雲養集』3권, 2022년 9월 13일 인용, https://db.itkc.or.kr
한국고전종합DB, 崔慶昌, 『孤竹遺稿』, 2022년 9월 13일 인용, https://db.itkc.or.kr
한국고전종합DB, 李瀷, 『星湖全集』50권, 2022년 9월 13일 인용, https://db.itkc.or.kr
한국고전종합DB, 權好文, 『松巖集續集』5권, 2022년 9월 13일 인용, https://db.itkc.or.kr
한국고전종합DB, 張維, 『谿谷先生集』26권, 2022년 9월 13일 인용, https://db.itkc.or.kr 한국고전종합DB, 李圭景, 『五洲衍文長箋散稿)』, 2022년 9월 13일 인용, https://db.itkc.or.kr).
한국고전종합DB, 張維, 『谿谷先生集』29권, 2022년 9월 14일 인용, https://db.itkc.or.kr
한국고전종합DB, 張維, 『谿谷先生集』29권, 2022년 9월 14일 인용, https://db.itkc.or.kr 한국고전종합DB, 具庠, 『無名子集』3책, 2022년 9월 14일 인용, https://db.itkc.or.kr
한국고전종합DB, 張維, 『谿谷先生集』28권, 2022년 9월 14일 인용, https://db.itkc.or.kr 한국고전종합DB, 李健命, 『寒圃齋集』1권, 2022년 9월 14일 인용, https://db.itkc.or.kr
한국고전종합DB, 金昌協, 『農巖集』1권, 2022년 9월 14일 인용, https://db.itkc.or.kr
한국고전종합DB, 尹善道,『孤山遺稿』3권하, 주10, 2022년 9월 14일 인용, https://db.itkc.or.kr
한국고전종합DB, 尹善道, 『孤山遺稿』1권, 2022년 9월 9일 인용, https://db.itkc.or.kr
한국고전종합DB, 宋翼弼, 『龜峯集』2권, 2022년 9월 9일 인용, https://db.itkc.or.kr
한국고전종합DB, 『英祖實錄』 영조 46년 경인(1770)10월 8일(경진), 2022년 8월 9일 인용, https://db.itkc.or.kr
한국고전종합DB, 李奎報, 『東國李相國集』7권, 2022년 9월 9일 인용, https://db.itkc.or.kr
한국고전종합DB, 崔岦, 『簡易集』6권, 2022년 9월 10일 인용, https://db.itkc.or.kr
한국고전종합DB, 丁若鏞, 『經世遺表』8권, 2022년 9월 11일 인용, https://db.itkc.or.kr
한국고전종합DB, 車天輅, 『五山集』2권, 2022년 9월 11일 인용, https://db.itkc.or.kr

한국고전종합DB, 李穀,『稼亭集』1권, 2022년 9월 11일 인용, https://db.itkc.or.kr

한국고전종합DB, 李荇,『新增東國輿地勝覽』21권, 2022년 9월 8일 인용, https://db.itkc.or.kr

한국고전종합DB, 金進洙,『碧蘆續集』3권, 2022년 9월 8일 인용, https://db.itkc.or.kr

한국고전종합DB, 宋浚吉,『同春堂集·續集』5권 2022년 9월 8일 인용, https://db.itkc.or.kr

한국고전종합DB, 金正喜,『阮堂全集』9권, 2022년 9월 8일 인용, https://db.itkc.or.kr

한국고전종합DB, 李崇仁, 陶隱集 3권, 2022년 9월 8일 인용, https://db.itkc.or.kr

한국고전종합DB,『太宗實錄』태종14년 갑오(1414) 6월 13일(갑인), 2022년 9월 12일 인용, https://db.itkc.or.kr

https://baike.baidu.com/item/五大夫松/85911

저자 소개

강판권(쥐똥나무)

1961년 경남 창녕에서 농부의 아들로 태어나 고등학교 때까지 농사일을 거들며 살았다.
1981년 계명대학교 사학과에 입학하여 역사학도의 길에 들어선 뒤 같은 대학원에서 중국사로 석사학위를 받았다. 그 후 대학에서 학생들을 가르치다가 1999년 여름, 농사에 대한 애정과 자신의 전공분야를 접목한 중국 청대 농업 경제사를 연구하여 경북대학교 대학원에서 박사학위를 받았다. 현재 계명대학교 사학과 교수로 재직 중이다. 지금은 인문학과 나무를 결합하는 '수학樹學'이라는 학문 체계를 만들기 위해 노력하고 있다.
저서로 '자신만의 하늘을 가져라', '회화나무와 선비문화', '계명대학교 캠퍼스의 나무이야기', '나무철학', '선비가 사랑한 나무', '조선을 구한 신목, 소나무', '청대의 잠상기술과 농업변동', '미술관에 사는 나무들', '세상을 바꾼 나무, 은행나무', '뜰에는 감나무, 들에는 느티나무', '역사와 문화로 읽는 나무사전', '중국을 낳은 뽕나무', '최치원, 젓나무로 다시 태어나다', '나무열전', '차 한 잔에 담은 중국의 역사', '청대 강남의 농업경제', '공자가 사랑한 나무 장자가 사랑한 나무', '어느 인문학자의 나무세기', '숲과 상상력', '나무는 어떻게 문화가 되는가' 등이 있다.